编委会成员名单

主　任　　姚国华　　张瑞才

副主任　　盛高举　　余炳武

委　员　　邹文红　　陈　勇　　谭启彬　　李保欣　　车秀梅
　　　　　张红榛　　杨沙斗　　张洪康　　卢　鹏　　戴春杰

主　编　　张瑞才

副主编　　李保欣　　车秀梅

编　辑　　谭启彬　　张　谨　　王　俊　　马岑晔　　戴春杰
　　　　　张文君

社会科学专家

话红河南部

中共云南省委宣传部
云南省社会科学界联合会　　主编
中共红河州委员会
红河州人民政府

红河州社会科学界联合会
红河州社科院　　　　　　协编
红河州世界遗产管理局
红河学院红河哈尼梯田保护与
发展研究中心

云南大学出版社
YUNNAN UNIVERSITY PRESS

图书在版编目（CIP）数据

社会科学专家话红河南部 / 中共云南省委宣传部等主编. —— 昆明：云南大学出版社，2018
ISBN 978-7-5482-3283-4

Ⅰ．①社… Ⅱ．①中… Ⅲ．①区域经济发展－研究－红河哈尼族彝族自治州②社会发展－研究－红河哈尼族彝族自治州 Ⅳ．①F127.742

中国版本图书馆CIP数据核字(2018)第057974号

策划编辑：陈　曦
责任编辑：陈　曦
封面设计：郑明坤

社会科学专家

话红河南部

中 共 云 南 省 委 宣 传 部
云 南 省 社 会 科 学 界 联 合 会 　主编
中 共 红 河 州 委 员 会
红 河 州 人 民 政 府

红 河 州 社 会 科 学 界 联 合 会
红 河 州 社 科 院
红 河 州 世 界 遗 产 管 理 局 　协编
红河学院红河哈尼梯田保护与
发 展 研 究 中 心

出版发行：云南大学出版社
印　　装：昆明市五华区理煋教育印务有限公司
开　　本：787mm×1092mm　1/16
印　　张：12.25
字　　数：213千
版　　次：2018年6月第1版
印　　次：2018年6月第1次印刷
书　　号：ISBN 978-7-5482-3283-4
定　　价：32.00元

社　　址：昆明市一二一大街182号（云南大学东陆校区英华园内）
邮　　编：650091
电　　话：0871-65031070 65033244 65031071
网　　址：http://www.ynup.com
E-mail：market@ynup.com

本书若有印装质量问题，请与印厂联系调换，联系电话：0871- 64167045。

"云南社科专家红河南部行"专家咨询会

云南省社科联党组书记、主席，云南大学博士生导师、研究员张瑞才
在"云南社科专家红河南部行"专家咨询会上作讲话并听取专家发言

中共红河州委常委、州委组织部部长刘申寿同志（第一排左三）
在"云南社科专家红河南部行"专家咨询会上作讲话并听取专家发言

"云南社科专家红河南部行"绿春县调研座谈会

"云南社科专家红河南部行"红河县调研座谈会

"云南社科专家红河南部行"金平县调研座谈会

"云南社科专家红河南部行"元阳县调研座谈会

社科专家在绿春县电商平台中心调研

社科专家在绿春县调研

社科专家深入金平县马鞍底乡生物多样性科普基地调研

社科专家调研生物多样性

社科专家调研绿春县农业产业发展情况

社科专家在红河县库博特色产业基地调研红河谷热区资源综合开发项目

社科专家在金平县调研产业发展情况

社科专家在红河县调研期间听取县级领导介绍产业发展情况

社科专家就红河南部地区梯田生态建设情况深入村寨开展调查研究

社科专家就红河南部地区产业发展、精准扶贫与精准脱贫等开展调查研究

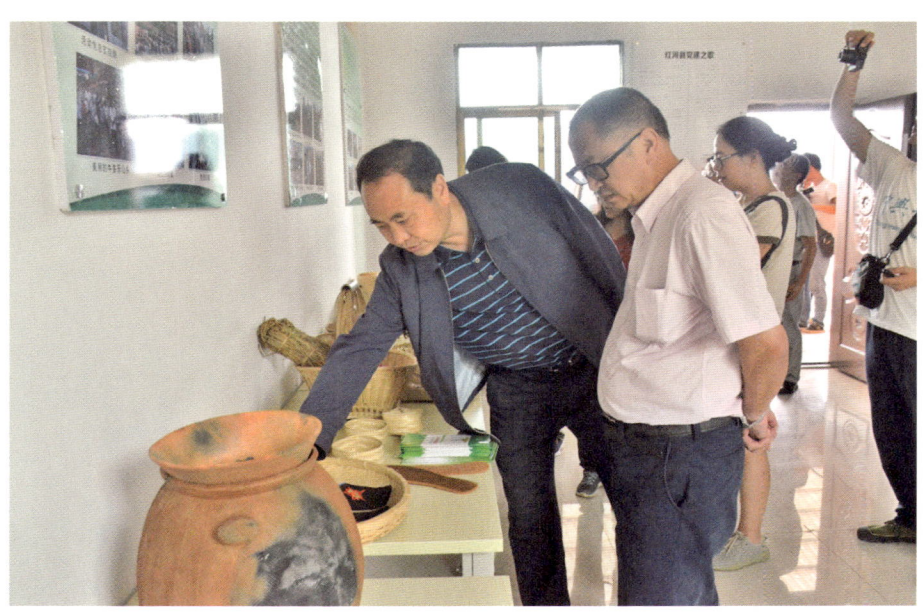

社科专家调研红河南部地区文化建设和产业发展情况

社科专家调研精准扶贫与精准脱贫产业发展情况

社科专家在元阳县调研梯田红米精深加工产业

社科专家在元阳县攀枝花乡调研民族刺绣产业

社科专家深入田间地头开展调研

社科专家调研民族文化产业建设

社科专家调研特色产业

目　录

领导讲话

为有源头活水来

——在"云南社科专家红河南部行"专家咨询会上的讲话

云南省社科联党组书记、主席　张瑞才

　　云南社会科学专家红河南部行，经过 6 天时间的共同努力，到今天初步收官，达到了预期的目的。今天上午我们在蒙自参加州委、州政府开展的调研咨询活动，各位专家汇报自己的调研成果，也是体现专家服务基层这一重要价值导向。今天交流的 12 位专家，发言虽然简短，但都富有真知灼见，每一位专家的汇报都凝结了自己对红河的深入调查研究，对红河发展的深入思考，发自肺腑地关心这片土地、关心哈尼梯田的发展，我听了以后深受启发。

　　此次调研有以下特点：

　　第一个特点，问题意识强烈，调查深入。"社科专家基层行"发源于红河州，2003 年首届"社科专家基层行"从红河起步，已经整整走了 14 年，说明这项活动的生命力、说明地方对决策科学化越来越重视。过了 14 年，我们再回红河，这次的问题非常集中，就是精准脱贫、精准扶贫的问题，就是元阳哈尼梯田的保护、开发的问题。围绕这些问题，专家们进行了深入的调查研究。毛泽东同志指出："没有调查就没有发言权"，习近平同志强调："没有调查，就没有发言权，更没有决策权"。所以今天的咨询意见都是围绕红河发展所提出的问题，在深入调查研究、认真分析的基础上，提出来的。专家们的意见，在座的每一位只要仔细听，哪怕只听进去一条两条，转化成下一步的工作思路，其意义就很重大了。我们"社科专家基层行"之所以有生命力，就是坚持问题导向，就是强调问题意识，因为问题是时代的声音、是整个社会科学研究的出发点。这次调查虽然时间短，但两个组对四个县都进行了调研，到田间地头、到村庄、到企业、到农户，进行了深入调查。

　　第二个特点，就是主题非常集中。我们这次没有面上对整个红河州的重大问题进行调查研究，但是聚焦到目前最迫切的头等问题。因为对云南省来说，全面脱贫、全面小康，尤为重要。脱贫中的精准脱贫、精准扶贫，蕴含着很多实践问题和理论问题，所以这次问题非常聚焦。专家们在调查研究过程中，确实把自己的论文和思考植根于社会实践。习近平同志多次强调，我们这个时代，是一个需要思想，且能产生思想；需要理论，且能产生理论的时代。讲到理论创新的源泉究竟在哪里时，他也反复强调，时代是思想之母，实践是理论之源。理论必须植根于实践。我也多次引用朱熹先生的诗："半亩方塘一鉴开，天光云影共徘徊。问渠那得清如许，为有源头活水来。"就像我们的梯田一样，"为有源头活水来"。哈尼民族几千年以来在这片土地上的耕耘和雕刻，塑造出我们目前的两个世界遗产。没有这几千年的积淀和实践创造，我们的论文是写不出来的。这块土地孕育了很多教授，也培养了很多博士生、硕士生。但反过来说，哺育了学者的这块土地，我们学者也在不停地反哺它，你们真正体现了"以人民为中心"的研究导向。写论文、写著作，不仅仅是为了自己评职称，更重要的是思考、研究这个民族的特性，把握这个民族的最大创造，它创新的活力在哪里，所以大家的调查研究是植根于社会实践，是非常鲜活的。尤其是这一次，因为红河州党委政府需要科学决策，所以大家思考的限度就不是就一般的理论研究来讲的，而是重在社会实践的思考，重在红河州实践经验的概括和总结，所以其成效是非常明显的。

第三个特点，结合实际，作风务实。学者们调研必须从实际出发。明白我们处于社会主义初级阶段这一实际，秉持"从实际出发"这一重要的价值导向。而从实际出发，就是要把握现在这一阶段。从大家的发言中，我感受到，哈尼梯田保护和开发正处于转型升级期。今年（2017 年）是红河州建州 60 年、改革开放近 40 年，它成长的阶段性特征究竟是什么？这次"社科专家基层行"实际上也是对我们州情、对南部四个县的县情进一步深化认识。我们的"专家基层行"实际上是双向的，一方面，专家对地方社会发展建言献策；另一方面，专家也有了这个难得的机会。这次活动是在红河州进行的第二次活动，准备很充分，认识高度也很高。从州委州政府，再到涉及的四个县的县委县政府都是这样。其中我到过的两个县的县委书记都陪我们进行实地调研，沿途为我们讲他们的思路、讲他们的认识、讲现在碰到的困惑和下一步的打算。我观察到，我们《中国日报》云南记者站的站长、《农民日报》的资深记者，我们云南省级媒体《云南日报》、云南网，我们红河州的媒体，都是非常敬业的。所以，从专家到我们的媒体同志，都是尽职尽责的。我们常说"台上十分钟,台下十年功",很多同志昨天晚上 12 点以后还在准备今天上午的发言稿和决策咨询的建议。

刚才闵老师提到哈尼梯田的三性问题,我也在思考,我想再加一性,就是它的主体性。哈尼梯田的影响和其他遗产不一样。习近平同志多次强调,要让沉睡在博物馆里、在大地里埋藏的一些宝藏活起来。而我们哈尼梯田跟其他遗产最大的不同点,就是它的活态。那么活在哪里?我认为就是活在"人",因为人是生产、生活、生长、生存之根本。哈尼梯田是哈尼民族生存之基、生产之母、生活之根、生长之魂。怎么来理解它的主体性?就是这么一个特点,就把哈尼梯田和其他遗产区别开来,所以它的活动主体要明确。

讲它的动态性,"动"在什么地方?不同时间、不同地点,同一景观,其变化性是其他地方很少能见到的。在红河县的调研过程中,我发现,短短十分钟内,云彩所展现的景观是完全不一样的。所以我认为,它第一个"动"在云。第二个"动"在人。因为一个主体、一个景观,在特定区域,不同时间有不同群体进行活动。我认为它还"动"在水,"动"在山。所以说"动态性"值得我们思考。

再说哈尼梯田的系统性。我在此进一步深化认识了哈尼民族的智慧。大山顶上树林繁茂,山腰上是哈尼民族的村寨,往下就是连绵不断的梯田。所以它的性质是非常明显的。哈尼梯田景观的主体性就是它的民族性。梯田为什么冠以"哈尼"?这些都是要进一步思考的。哈尼梯田既是哈尼民族生活的家园,更是他们精神的家园,它蕴含着民族文化的丰富性。这些既可以从民族学角度研究,又可以从民俗学、生态学、法律建构的角度研究。我们在地方立法保护的过程中传承了哈尼民族的习惯,没有传承就失去了其基本的依据。哈尼梯田的木刻分水都可以做博士论文,别看它切入点小,蕴含内容却很多。它的公平性也是,有的地方过去由于抢资源,矛盾很复杂,后来省里专门派小组进行工作。哈尼梯田的公平性、传承机制都很有研究性。

最后,感谢红河州委州政府对此次活动的高度重视,感谢专家极富责任感、使命感和问题意识的参与,感谢媒体同志的直接参与和全方位报道。

在"云南社科专家红河南部行"专家咨询会上的讲话

中共红河州委常委、州委组织部部长　刘申寿

尊敬的瑞才主席，各位专家，同志们：

在红河州上下深入学习贯彻习近平同志系列重要讲话，特别是落实和践行考察云南重要讲话精神，紧紧围绕"四个更大贡献"要求，以调查研究、善作善成等工作作风真抓实干，喜迎党的十九大和建州 60 周年之际，我们非常荣幸地迎来了省社科联党组书记、主席张瑞才同志带队的"云南社科专家红河南部行"调研咨询活动组一行亲临红河州调研、指导工作。在此，我谨代表州委姚国华书记，代表州委、州政府向"云南社科专家红河南部行"调研咨询活动专家组一行的到来表示热烈的欢迎，对省社科联及各位专家长期以来对红河州的真心帮助和大力支持表示衷心的感谢！在这里，我谈三点认识和体会。

第一，对各位专家的鼎力支持帮助表示衷心感谢，对活动的成功举办和取得的丰硕成果表示热烈祝贺。

在这 6 天的调研中，在瑞才主席的带领下，14 位资深专家学者及中央、省级媒体的同志共聚红河，紧扣"红河哈尼梯田可持续发展与边疆民族地区精准脱贫"这个主题，列出 13 个子课题，深入红河、元阳、绿春、金平世界遗产保护开发和脱贫攻坚一线剖析案例，查阅资料，调阅和分析数据，对红河南部地区梯田生态建设、文化建设、产业发展、精准扶贫与精准脱贫等多个方面进行了深入调查研究，开展了咨询活动。虽然此次行程安排比较紧凑，但是各位专家用心、用情、用智、用力开展工作，坚持以人民为中心、以问题为导向，理论联系实际，从大处着眼、从小处入手，从红河南岸到阿倮欧滨，从侨乡红河到马鞍底天生桥，先后调研了 20 多个点，召开了 5 个座谈会，开展了

大量创造性工作，并拿出初步课题研究成果，积极为红河州经济社会发展把脉问诊、建言献策，迸发出了思想的火花，涌现出了大量的真知灼见，具有很强的思想性、科学性、指导性和前瞻性。此次活动是社科工作服务地方工作的具体体现，也是社科专家作风过硬的真实写照，你们踏实的工作、严谨务实的作风令我们十分感动，衷心感谢省社科联及各位专家学者的辛勤劳动和付出。

14年前，也就是2003年，云南省的首次"社科专家基层行"就是从红河州出发的。在当年的"红河行"中，专家学者从红河州经济社会发展的战略结构、目标、举措入手，为红河州建设绿色经济强州、工业经济强州和民族文化大州、滇越大通道、滇南大城市战略目标提出了许多具有可操作性的对策建议。从那一年开始，专家们每年都走进基层，走进群众，深入农村、社区进行调查研究，为地方经济社会发展献计献策。"社科专家基层行"成了省社科联创新工作方式的一个著名品牌，在全国都具有深远的影响力。

14年后的今天，省社科联的专家再次莅临红河，结合红河实际把脉会诊，开出了处方。刚才我们聆听了瑞才主席的讲话，听了庆文教授、洛辉教授等12位专家围绕"哈尼梯田产业发展研究""农业遗产保护与民族地区可持续发展"等专题作的很好的发言，使我们深受启发，大家的宝贵建议必将对红河州的经济社会发展起到很好的促进作用，将为红河州的脱贫攻坚和世界文化遗产保护留下浓墨重彩的一笔。近年来，红河州发展势头良好，特别是在经济发展、民族团结进步、对外开放、生态文明建设等方面取得了较好成绩。这些成绩的取得与省社科联领导班子、与各位专家学者长期以来的关心指导密不可分。在此，我谨代表州委、州政府再次对各位不辞辛劳的付出表示衷心感谢！请瑞才主席、省社科联以及各位专家一如既往地关心、关注、支持红河州的经济社会各项事业发展。

第二，对各位专家的意见建议我们将充分吸纳，对研究成果将及时抓好转化。

这次"云南省社科专家红河南部行"活动成果丰硕，各位专家根据调研掌握的情况提出了许多有针对性的意见建议，为各级党委、政府重大决策提供了科学参考。各位社科专家认真负责的工作态度和扎实深入的工作作风值得我们学习，你们的宝贵意见建议值得我们充分梳理借鉴。接下来，各县市和各部门关键是要把各位领导、各位专家提出的意见转化为工作的实践、转化为工作的推动力。一是要吸纳好专家意见，注重成果转化。刚才，各位领导、各位专家坚持问题导向，注重理论与实践的有机结合，谈得都很具体，涉及的内容十分丰富，专家们的咨政"好声音"发得准、唱得响，我们要做的就是要让这些咨政"好声音"传得远、用得好。州社科联要尽快把专家的意见逐一梳理，汇编成册，作为实践和决策的参考。红河、元阳、绿春、金平四县及州级各相关部门要一一对照自身的工作，结合实际认真吸纳专家意见，融汇在工作实践中，充分运用好哲学社会科学的"思想库"和"智囊团"作用，用创新的思路和方法化解难题、突破瓶颈，奋力推动红河跨越发展、和谐发展、科学发展。二是对世界文化遗产要开发与保护并重。这次专家们指出了哈尼梯田运行管理中存在的不少问题，并对开发哈尼梯田多重价值、哈尼梯田开发保护要树立总体观念，注重解决哈尼梯田开发中出现的土地流转问题、哈尼文化传承后继乏力、发挥好哈尼梯田的品牌效应等提出了具体的意见建议，四个县市和各相关部门要充分吸收借鉴，提高开发保护的水平，真正做到科学开发、永续利用。大家要认识到，对历史文化遗产的保护，首先是一种责任，是对历史文化的尊重。元阳哈尼梯田从古至今始终是一个充满生命活力的大系统，今天它仍然是哈尼族人民物质生活和精神生活的根本。它是哈尼族人民与哀牢山大自然相融相谐互促互补的天人合一的人类大创造，是文化与自然巧妙结合的产物。红河哈尼梯田同时具备物质与非物质世界文化双遗产特征，应注重可持续发展，将生态环境保护与水资源科学利用相结合，并多元化立体推介其梯田文化的深刻内涵。我们不仅要大力保护梯田的物质遗产，还要大力抢救、保护哈尼梯田的非物质文化遗产。三是要扶贫与扶智并重全力抓好脱贫攻坚工作。这次"云南社科专家红河南部行"就是对红河州很好的智力支持与扶持，专家们把精准扶贫和哈尼梯田开发保护联系在一起，就推进精准扶贫工作做得更好等方面，提出了大力发展产业扶贫、加快农村劳动力培训、发展农产品加工业、提高梯田稻鱼鸭共生系统建设水平等好的意见建议。特别是当前红河州贫困对象动态管理工作进入收尾的关键阶段，数据核实和录入工作正在紧张进行，9月份全省动态管理质量考评工作即将开始。能否达到省委主要领导提出的确保实现"零漏评""零错评""零错退"的明确要求，直接关系到这次动态管理工作成效考核成绩，也直接决定红河州全年扶贫开发工作成效。各县市、各部门要结合红河州脱贫攻坚工作实际，把各位专家的意见建议转化为工作措施，使精准扶贫工作获得更强大的推动力，特别是要在扶贫扶智上下工夫，大力建设使用好党建脱贫"双推进"教育实训基地，依托基地带动群众增收致富，确保脱贫攻坚各项目标任务落到实处。四是要配合做好"云南社科专家红河南部行"后续工作。这次会议结束后，各位专家还要继续开展13个调研课题的研究工作。专家们课题研究的目标与我们的工作目标是一致的，研究的方向和我们努力的方向也是一致的，落脚点就是推动红河跨越发展。因此，大家要积极提供调研课题所需要的数据、资料和案例等，配合专家们完成好调研课题工作，形成高质量的调研报告。报告形成后，各地各部门要注意学习借鉴，将其中好的工作建议和措施用于工作，不断改进和完善我们的工作，推动工作不断迈上新台阶。

第三，红河州的跨越发展离不开各位专家一如既往的支持，希望多到红河调研指导工作，多为红河发展献计献策。

当前，红河州正围绕"13611"的工作思路和"融入滇中、联动南北、开放发展"的战略目标，凝心聚力，全力推动跨越发展。红河有着良好的地缘优势、资源优势、产业建设优势，高原特色现代农业、新材料和信息产业、生物医药和大健康产业、食品与消费品制造业、旅游文化产业、现代物流业六大重点产业正逐步构建起特色现代产业体系。随着国家"一带一路"倡议、长江经济带、沿边开放开发和滇中城市经济圈一体化发展等战略举措的实施，红河州面向南亚东南亚辐射中心的前沿阵地和对外开放重要窗口的优势和作用正不断显现。但在发展过程中，如何实现好省委陈豪书记对红河提出的在推动跨越发展上、在打好工业经济攻坚战上、在统筹推进协调发展上、在形成对外开放新高地上为全省跨越发展做出"四个更大贡献"的要求，我们还面临南北发展不平衡，"联动南北"不够充分等问题，以及此次各位专家学者关心、关注的民族文化保护、旅游开放和群众增收、哈尼梯田的开发保护与精准扶贫等问题。这些都是当前红河州突破改革发展瓶颈所面对的现实困难，每一项工作都离不开在座各位专家学者关心、帮助和支持，迫切需要人才的保障和智力支撑，需要充分借力，发挥各位专家"思想库""智囊团"的重要作用。

我们真诚希望，各位专家一如既往地关心支持指导红河州的工作，带着课题，带着科研团队，多到红河走一走、看一看，更加深入地了解红河州经济社会发展现状，找到科研资源、成果与红河发展对接的结合点和落脚点，多帮助我们与企业、与高校、与科研院所牵线搭桥，做好产学研合作，为红河州建设大项目、培育大企业、打造大产业出谋划策，让更多的科研成果在红河这块热土上生根发芽、开花结果。

　　最后，再次衷心感谢省社科联组织这次活动，感谢大家长期以来对红河州的关心与厚爱！感谢中科院、省社科院、联合国大学、复旦大学，云南大学、云南农业大学、云南师范大学等各位专家不辞辛劳，到红河来传经送宝。感谢红河学院的 4 位专家多年来心怀桑梓，对地方经济发展的鼎力支持。朋友越走越近，亲戚越走越亲，感情越处越深。与专家交朋友，关心关爱专家，充分发挥好各级各类专家作用，是我们党委、政府义不容辞的责任。希望这样的活动多来红河州举行，请专家们以不同的方式对我们的工作多提宝贵的意见、建议。希望各位专家常来红河、关注红河，在领略这片热土厚重历史和民族文化的同时，共同携手于红河的发展、相约于促进红河的繁荣，帮助我们挖掘潜力、加快发展，把红河建设得更美好！

专家调研报告

哈尼梯田地区"三产"融合现状分析及未来发展对策

闵庆文　张永勋

引　言

云南省红河哈尼稻作梯田系统拥有 1300 多年的历史，是由森林—梯田—村落—河流组成的四素同构的农业生态景观系统，是当地人民赖以生存的生计之源，同时该系统保存了重要本土的农业技术、居住地的选址经验、传统习俗，拥有丰富的生物多样性和独特的景观特征，表现了人与自然的和谐关系，维护了农业生产系统的稳定。因此，哈尼梯田 2007 年 11 月 15 日被国家林业局批准为国家湿地公园，2010 年被联合国粮农组织（FAO）列为全球重要农业文化遗产（GIAHS），2013 年被联合国教科文组织（UNESCO）列入世界遗产名录。具有多重身份的哈尼梯田也使得当地政府承担着保护的重大责任。红河哈尼稻作梯田作为一个自然—经济—社会的复合系统，在现代生产生活方式的冲击下，其可持续性正面临着许多困难。[1] 例如，在经济利益驱使下，部分群众违规建新房、建客栈的现象时有发生；部分村寨存在为改善居住环境而拆除传统民居，修建现代住房的现象，一定程度上影响了梯田景观。在缓冲区低海拔地带，高产作物替代传统作物，农药化肥使用量增加，使农业生产环境和生物多样性受到影响。大多数青壮年外出务工，使传统的生活方式有所改变，传统民族文化的延续传承面临挑战。

此外，云南哈尼稻作梯田系统的主要分布区为红河县、元阳县、绿春县和金平县，属"国家扶贫开发工作重点县（国家级贫困县）"，并且属于集中连片特殊困难地区范围内的国家扶贫开发工作重点县。党的十八大明确提出，"全面把握机遇，沉着应对挑战，赢得主动，赢得优势，赢得未来，确保到 2020 年实现全面建成小康社会宏伟目标"。通过多种途径提高农民收入，实现 2020 年之前摆脱贫困目标的攻坚战，是哈尼梯田地区当前的首要任务。红河哈尼梯田地区农产品资源品质突出，生态环境资源优势明显、生物多样性极为丰富、民族文化资源多姿多彩，具有"发展特色产业促进精准脱贫"的可行性和资源优势。利用资源优势和其多个世界级和国家级遗产的品牌，发展特色产业是实现脱贫、促进哈尼梯田保护的根本途径。本文将分析哈尼稻作梯田的地理概况、资源特征与优势、产业发展现状，从而提出通过产业发展促进梯田保护的对策。

二、哈尼梯田地区地理概况

（一）自然地理概况

红河哈尼稻作梯田系统主要分布于云南省红河哈尼族彝族自治州所辖的红河、元阳、绿春和金平4个县境内。地处哀牢山南出支脉，为中山峡谷地貌，海拔多在1 000～2 000米之间。地势大致由西北向东南倾斜，山地连绵，沟壑纵横，峰峦叠嶂，地表支离破碎。气候为低纬高原亚热带季风气候，雨热同季，干湿季分明，年温差较小，冬无严寒，夏无酷暑，垂直气候变化明显，有"一山有四季，十里不同天"之说。降水季节分布不均，常出现冬春少雨易干旱，夏秋多雨情况。境内各地区降水量差距悬殊，由北部红河谷往南年降水量逐渐降低，红河、元阳北部低山河谷地带年降水量为700～900毫米，南部绿春、金平的山区年降雨量能达到2 300毫米以上。该区的地带性土壤类型为红壤、砖红壤，土壤垂直方向的变化规律复杂，土层较深厚。在这种复杂的自然地理特征条件下，哈尼梯田地区很难走规模化经营的现代农业模式，因此，需要根据当地资源优势发展小众农业。

（二）社会经济概况

1. 社会概况

哈尼梯田主要分布的4个县元阳、红河、金平、绿春共辖49个乡镇（其中，元阳14个乡镇，红河13个乡镇，金平13个乡镇，绿春9个乡镇），总面积11 014.68km²（其中，红河县面积2 057km²，元阳县面积2 190km²，绿春县面积3 096km²，金平县面积3 677km²）。据2014年统计数据，总人口142.1万人（其中，红河、元阳、绿春和金平县各自的人口分别为34.06万人、44.65万人、23.95万人和39.43万人），平均人口密度为129人/km²，红河县和元阳县的人口密度高于绿春县和金平县。（见表1）属典型的少数民族聚居区，少数民族人口占总人口数量均在87%以上，其中哈尼族人口最多，其次为彝族、苗族、瑶族等。

表 1　四县的社会概况

名称	面积 （km²）	乡镇数 （个）	人口 （万人）	少数民族人口占比 （%）	城镇化水平 （%）	人口自然增长率 （‰）
红河	2 057	13	34.06	96.19	12.2	7.86
元阳	2 190	14	44.65	89.2	8.9	–
绿春	3 096	9	23.95	98.7	9.8	4.75
金平	3 677	13	39.43	87.2	8.5	7.84

2. 经济概况

红河哈尼稻作梯田系统所在的 4 个县属于典型的山区农业县，农业人口占比极高，2014 年元阳、红河、金平和绿春四县农业人口分别占总人口的比例为 87.8%、91.1%、90.2%、91.5%，三次产业结构比为 32.2∶29.8∶38、32.5∶29.9∶37.5、21.9∶50.4∶27.7、32.8∶40.8∶26.4。耕地面积十分有限，人均耕地面积分别为 0.94 亩、0.77 亩、1.08 亩、0.83 亩。人均地区生产总值分别为 9 176、8 998、9 874、10 183 元。

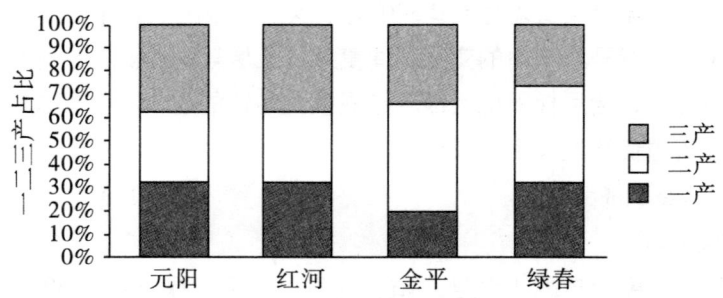

图 1　哈尼梯田地区各县产业结构现状

三、哈尼梯田地区的资源优势

（一）资源分类

哈尼梯田地区可用于产业开发的资源，按照其可发展的产业类型，主要可分为农产品资源、生物资源、文化资源、物质景观资源四大类型。（见表2）

表2　哈尼梯田地区的资源分类

类别	亚类	举例
农产品资源	种植业产品	粮油作物、果蔬、毛茶
	林产品	用材林、木本油料、特种经济林、林业果品
	肉类、禽蛋类	畜禽产品
	水产品	鱼类
生物资源	中药材	石斛、黄栀子、龙胆草、板蓝根等
	八角、胡椒、花椒、草果等	药食两用资源
文化资源	民族文化	节庆文化、歌舞文化、服饰文化、礼仪文化、饮食文化、语言文字
	革命历史遗迹	革命历史文化
物质景观资源	自然景观	地文景观、水域景观、生物景观、气候景观
	建筑景观、古迹遗址、农业景观、聚落景观和水利工程景观	人文景观

（二）资源优势

1. 农产品和生物资源优势

农产品方面，哈尼梯田因化肥、农药等化学品投入较少，农田生态环境质量较规模化生产的平原农田要好，[2]使得梯田农产品更加生态、食品安全等级更高。[3]哈尼梯田地区还种植有大量的特色作物，如梯田红米不仅产品绿色生态，还具有突出的营养价值优势（富含人体难以合成的8种氨基酸）；[4]因气候适宜，红河县广种棕榈树，成为中国最大的棕榈生产地，被冠以"棕榈之乡"的称号；甘蔗、香蕉、木薯等农产品，量大质优；梯田鱼、梯田鸭蛋等系列生态产品，特色鲜明，品牌优势基本形成。生物资源方面，哈尼梯田地区因海拔较高，垂直气候明显，热量丰富，中药材和药食两用的生物资源种类十分丰富，数量和质量也较其他地区具有较强的竞争力。这些农产品和生物资源皆具有品质和数量优势，是发展二、三产业的良好资源基础。

2. 文化资源优势

哈尼梯田是哈尼族、彝族、苗族、瑶族等少数民族的聚集区，尤其是哈尼族人口数量巨大、分布集中，每一个民族都具有自己独特的节庆文化、歌舞文化、服饰文化、礼仪文化、饮食文化、语言文字等，并且许多民族内部因生活在不同的地区，存在文化的差异。其文化的多样性、特异性、神秘性使得哈尼梯田地区的文化已经形成自己特有的名片，声名远播，产生了巨大的旅游吸引力，促进近年哈尼文化旅游蓬勃发展。

3. 物质景观资源

哈尼梯田地区的梯田、建筑（如蘑菇房）、聚落、"四素同构"的复合景观等人文景观，规模宏大、形式优美，其景观构造过程十分艰难，如梯田和村落选址、田台与田墙修筑、景观维护等都蕴含着科学性，因而兼具生态美、形式美、色彩美等特点，[5]梯田景观成为成功申报 GIAHS 和世界文化遗产最重要的要素之一。此外，哈尼梯田地区自然景观十分丰富，如岳山、奇峰、怪石、瀑布、云海、生物奇观等，亦是极具开发潜力的旅游资源。

（三）区内资源比较优势

红河、元阳、绿春和金平4县，因其各自的自然环境特征，资源类型存在较大的差异。在农产品资源方面，由于耕地占比总体从靠近红河的北部地区向南逐渐降低，使得红河和元阳的乡镇种植业产品资源比重较高，但是由于耕地面积总量较小，使得这两县的部分乡镇粮食等产品总量并不占优势，而在木薯、甘蔗等特色农作物方面具有优势。在林产品方面，4县根据其气候特征，各自发展自己的特色林业，红河县以木材产品和棕榈产品为优势，绿春县以橡胶产品、紫胶产品和核桃为优势，金平县以油茶和橡胶产品为特色。牧产品方面，元阳县最具优势，其次是红河县，绿春和金平的个别乡镇的牧产品资源也很突出。

在文化资源方面，各县及各县的不同乡镇各具特色，如绿春县的哈尼蘸水饮食文化，红河县的宝华镇矻扎扎节、甲寅镇龙普村竹编工艺和铁制农具生产工艺，元阳县的攀枝花勐弄土司文化，金平县的瑶族民俗和手工艺文化等。

在物质景观资源方面，绿春县和金平县拥有国家级自然保护区，自然景观资源优势明显；红河和元阳县梯田景观规模大、美感强，传统村落及民居资源较多，在人文景观资源方面占优势。

在特色生物资源方面，绿春县八角、草果、胡椒、花椒、香茅草、黄栀子等多个种类皆具有优势,而红河县的葛根和龙胆草,金平县的石斛、板蓝根、重楼等具有绝对量上的优势。

此外,哈尼梯田因其"四素同构"的物质循环结构,水土的自净能力强,目前仍保持着洁净的农田生态环境,与平原地区农田相比,具有发展有机农业生产和绿色农业的农田生态环境资源。

四、哈尼梯田地区产业发展与资源开发现状

(一)产业发展现状

1. 第一产业

哈尼梯田地区第一产业以家庭为单位的小农户经营为主要模式,种植业仍然是最为主要的农业类型(见表3),占耕地面积最大,投入的劳动力最多,产量也最高。近些年,畜牧业和渔业发展迅速,2014年畜牧业总产值已经超过种植业,成为对第一产业总产值贡献最大的农业类型。渔业发展速度虽然很快,但是产值仍然很低,农业服务业产值也很低,4县当中对第一产业总产值贡献率最高的县也不到5%。4县虽然以哈尼稻作梯田闻名,但是粮食作物种植面积十分有限,只有元阳县以粮食作物种植为主。其中,核心保护对象水稻梯田的种植面积所占的比重非常低,多数农民的经济收入主要依据经济作物。

表3　四县第一产业产值构成

地名	农业总产值 (万元)	种植业 (万元)	林业 (万元)	牧业 (万元)	渔业 (万元)	农业服务业 (万元)
元阳县	185 112	71 424	11 478	91 098	7 553	3 559
红河县	161 787	61 156	11 862	80 256	5 770	2 743
金平县	166 841	72 485	23 610	63 695	4 827	2 224
绿春县	138 325	46 843	30 298	51 913	4 355	4 916

2. 第二产业

哈尼梯田地区各县第二产业的发展水平差别较大,金平县第二产业总值(16.9亿元)明显高于其他三县(红河县7.34亿元,元阳县、绿春县分别为11.14亿元和9.78亿元)。四县的第二产业结构差异也较大,元阳县涉农工业产值为3.8亿元,非农工业的产值为3.94亿元,二者产值相当;红河县和绿

春县的第二产业以建筑业为主，建筑业的产值分别为 5.17 亿元和 5.84 亿元，分别占第二产业总产值的 75% 和 58.5%；金平县的第二产业以采矿和冶金业等工业为主，其产值占到第二产业总产值的 56.7%。

就涉农工业而言，各县的产业类型各不相同。元阳县主要以蔗糖加工、饮料酒及酒精加工、鲜冷藏肉生产、大米加工、木材加工、茶叶加工等类型为主。红河县的主要工业类型有大米加工、以木薯为原料的淀粉加工、蔗糖加工、饮料酒及酒精加工、棕丝及棕制品加工等。金平县主要为蔗糖加工、饮料酒及酒精加工、淀粉加工和精制茶加工等。绿春县主要为竹木家具制造和精制茶生产。总体而言，元阳和红河在涉农工业方面发展水平相对较高，不过涉农工业的生产规模一般都比较小，而且随原料的季节变化，生产活动也具有季节性特点。

3. 第三产业

哈尼梯田地区各县第三产业的产值差别较大，元阳县的第三产业总值最高（接近 10 亿元），而绿春县的仅 5 亿多。（见表 4）红河县与金平县的第三产业总值相当，分别为 7.82 亿元、7.73 亿元。在第三产业构成方面，元阳县梯田知名度大，旅游业发展快，吸引了大量的游客，从而带动了住宿餐饮业、批发零售业、客运交通业和邮电业的发展。金平县因工矿产品和大规模的经济作物生产的农产品向外运输，使其货运量较大。总体来看，四县目前的第三产业类型主要还是以满足人民吃、住、行等最基本需求为基础的产业类型。产业的规模较小、分散，以个体经营为主。

表4　哈尼梯田地区各县第三产业构成（2013 年数据）

县名	第三产业总值	住宿餐饮业	批发零售业	旅游		交通		邮电业务量
	亿元	亿元	亿元	亿元	万人次	客运量（万人次）	货运量（万吨）	亿元
元阳	9.54	1.39	8.91	13.15	107.38	155	52	1.37
红河	7.82	1.16	5.21	1.55	17.2	55.17	40.61	0.76
金平	7.73	0.46	6.18	1.73	28.63	46	59.5	1.06
绿春	5.46	—	5.98	1.15	12.06	—	—	—

（二）资源开发现状及问题

近年来，在政府的主导下，耕地资源利用开始向生态立体农业发展，以提高效益，如由单一的水稻种植向稻—鱼、稻—鸭、稻—鱼—鸭等模式发展，由常规农业向有机农业、绿色农业等高品质农业发展，由单一林业向林下经济发展。红河州及四县旅游部门通过大力宣传，积极推动旅游资源开发。如元阳县新街镇和攀枝花境内的世界文化遗产核心区，在世博公司参与下，旅游业发展迅速，梯田景观观光、哈尼节庆与饮食文化体验得到较大程度的开发，民族饰品和服装的商品化也在快速发展；红河县宝华撒玛坝梯田景观、绿春县哈尼长街宴、金平县分水岭国家自然保护区的自然景观等正在被用于旅游开发。此外，红米加工、酿酒、棕制品加工等产业，以及红河县、元阳县和金平县的甘蔗制糖业、鲜茶叶加工、果饮制造业粗具规模。

但是，资源开发仍然存在不少问题：一是在经济效益的驱动下，将水稻梯田改为旱地种植香蕉、橡胶、胡椒等高收效的经济作物，使梯田景观遭受一定的破坏；二是生态农业模式虽然开始起步，但是适度规模经营农业模式进展缓慢、经营规模小，导致发展速度慢；三是农产品开发仍然处于加工低附加值产品的初级阶段，生态健康的农产品没有产生应有的价值；四是物流业、运输业、电商业、广告业等发展比较缓慢，酒店业、餐饮业发展不规范，造成游客体验质量下降，影响旅游业的可持续发展；六是四县存在产业同质竞争现象，如都依靠梯田发展观光旅游，导致相互之间竞争。

五、哈尼梯田地区产业发展建议

基于哈尼梯田地区的资源优势和品牌优势，针对目前产业发展存在的问题，我们认为该地区未来应有目标地确定发展工作重点，做好宏观产业布局，实现哈尼梯田产业可持续发展，通过产业发展推动哈尼稻作梯田系统的有效保护。

（一）未来产业发展的工作重点

1. 优化产业布局，升级产业结构

以气候、地貌、生物资源等自然条件及现有农业为基础，确定各乡镇农业发展重点，调整农业生产布局；以农业生产为基础，深入挖掘农产品开发潜力，大力发展特色农林牧渔产品精深加工业，延长产业链，全面分析加工制造业影响因素，优化加工制造业及相关服务业布局；以资源科学评价为依据，推动各县乡旅游业的差异化和综合化发展，促进旅游业向高层次发展。

2. 发挥资源优势，打造特色品牌

发挥梯田生产环境、种质资源优势和气候优势，加强传统的生态农业模式和集成技术的研究与推广，推动农业向高品质、复合化、特色化发展；充分利用当地农林产品，发挥传统手工技术优势，发展民族特色产品加工产与制造；全面发掘与评价遗产保护区自然与人文景观资源的开发潜力，以遗产保护为前提，以游客需求为导向，创新思维，发展综合旅游及服务业；各部门相互协作，共谋计策，广泛开展遗产品牌宣传和推介活动，着力打造集农产品、工业品、旅游产品于一体的世界遗产品牌。

3. 加强农民能力建设，提高农民创业经营能力

大力开展农民清洁生产与科学田间管理等农业技术，提高农民科学种田和开展特色农作物种植的能力；加强农民网络信息技术培训，普及农业经济常识及各种标识的使用知识，提高农民的创业意识、品牌意识和经营管理能力；建立传承人认证制度，提高人民对传统工艺价值及传承人的权利、义务的认识水平。

（二）区域产业空间布局

1. 红河县和元阳县各乡镇发展梯田产业

未来该区应以梯田农业和稻作文化为核心，重点发展梯田生态农业、禽畜养殖业、特色农产品加工和食品制造业、传统手工艺品加工，梯田观光、民族文化体验、农事体验、文化创意等综合旅游。

2. 除大黑山乡和半坡乡以外的绿春县其他乡镇发展生态与生物产业

利用气候和生物资源优势，未来应以特色经济作物种植和生态资源为基础，重点发展特色经济作物适度规模种植、调味品和医药品加工制造业、生物产业、生态旅游业。

3. 金平县及绿春县的大黑山乡和半坡乡发展热区特色产业

利用耕地面积广，热量资源丰富，傣族、苗族、瑶族等生活在湿热河谷地带的民族文化资源及自然景观资源，未来应着重利用水热条件优势，发展热带亚热带水果、工业原料作物规模种植，发展规模化畜牧和水产养殖；围绕热区农业产品，发展食品加工制造业、工业品加工业；围绕热区自然景观，发展综合旅游业。

参考文献：

[1] 张永勋，闵庆文. 稻作梯田农业文化遗产保护研究综述 [J]. 中国

生态农业学报，2016，24（4）：460－469.

　　［2］冯金朝，石莎，何松杰.云南哈尼梯田生态系统研究［J］.中央民族大学学报：自然科学版，2008，17（S）：146－152.

　　［3］陆旭，杨志新，续勇波，等.不同氮肥用量对元阳梯田水稻产量及构成因素的影响［J］.云南农业大学学报，2011，26（3）：376－381.

　　［4］夏青，沈梅.元阳梯田红米百年不衰的原因及特性探析——以月亮谷为例［J］.安徽农业科学，2014，42（30）：10826－10828.

　　［5］Zhang Yongxun，Min Qingwen，JiaoWenjun，et al. 2016. Values and conservation of Honghe Hani Rice Terraces System as a GIAHS site. Journal of Resources and Ecology. 7（3）：197－204.

　　（闵庆文：中国科学院地理科学与资源研究所研究员、博士生导师、全球重要农业文化遗产粮农组织科学咨询小组主任。张永勋：中国农业科学院农业经济与发展研究所）

农业文化遗产保护与民族地区可持续发展

梁洛辉

一、什么是农业文化遗产

大约一万年前，人类开始从狩猎和采集社会步入农业社会，驯化选育动植物，生产食物和维持生计，以满足人类的需要。在随后漫长的历史中，人类逐渐迁移分布，适应全球各种自然环境，因地制宜地创造了多种多样的农业系统，积累了经过历史检验的农业知识、技术和经验，体现了农业文化的多样性。各种各样的农业系统蕴含着人类与各种环境协同进化的宝贵经验，有效利用各种自然环境的优势条件，巧妙克服不利条件。通过长期农耕实践，这些农业系统发挥了多种功能，造就了优美的景观，保存了全球重要的农业生物多样性、生态系统和文化遗产，并且保障当地人们的食物供给和生计。农业知识、技术和经验包括动植物的驯化和选育，以及水土资源和生物资源的管理、保护和利用。农业生物多样性涵盖了各种直接或间接用于粮食和农业（种植业、养殖业、林业和渔业）发展的植物、动物和微生物。优秀传统农业系统及其蕴含的传统知识和农业生物多样性代表了人与自然和谐的范例。然而，20世纪农业的发展通常是依靠高产品种和化肥、农药的推广，以改变传统农业系统，专注提高单一农产品的产量，忽略了农业生态系统的其他生态和文化功能，导致许多重要的品种资源及丰富的传统知识和农耕文化的散失、环境和食物的污染，以及自然资源的退化。为了保护优秀的传统农业土地利用系统及景观，吸取传统农业的智慧，促进农业和农村的可持续发展，联合国粮农组织于2002年发起了"全球重要农业文化遗产的保护和适应性管理"项目。

按照联合国粮农组织的定义，农业文化遗产是："农村与其所处环境长期协同进化和动态适应下所形成的独特的土地利用系统和农业景观，这些系统与景观具有丰富的生物多样性，而且可以满足当地社会经济与文化发展的需要，有利于促进区域可持续发展。"与广义的"农业遗产"不同，联合国粮农组织界定农业文化遗产为人类历史上创造的，至今仍然在利用和传承的活态农业遗产。广义的"农业遗产"还包括了已经消失的农业系统遗址和古代农业文献等文物。农业文化遗产集合了物质与非物质文化遗产。物质文化遗产方面如农业景观、品种资源、水利设施等；非物质文化遗产方面如乡土知识、农耕技艺、农耕礼俗/节庆等。与常规农业生产比较，农业文化遗产具有突出的多功能性，除了生产功能，还有显著的生态功能和文化功能。正因为农业文化遗产具有多功能性，联合国粮农组织按照下列五个方面/标准评选和认定农业文化遗产：

①食物与生计保障：粮食和经济作物生产、加工、消费、销售；②农业生物多样性：全球重要的遗传资源和物种资源；③乡土和传统知识体系 水土生物综合管理的高超技术，促进农业、林业和渔业生产；④文化、价值体系和社会组织：传统农耕文化、礼俗、节庆、制度；⑤景观特征：人与自然长期协同进化形成的，已经相对固定的土地利用结构。

农业文化遗产的上述五个要素集中反映了五个重要功能和价值。农业文化遗产保障了当地农村食物和生计收入来源，体现了经济价值；保护农业遗传资源和水土资源，发挥了生态价值；积累了经过历史检验的传统知识和技术，具有重要的科学价值，特别是对探索农业可持续发展途径具有重要的借鉴意义；隐含了农耕文化和礼俗，以及创造了优美的农业景观，都充分体现了文化和历史价值，传承农耕文化，可以作为重要的旅游资源。这五个方面都非常杰出和完整的传统农业系统才能被认定为农业文化遗产。挖掘农业文化遗产的多种功能和价值，不仅可以完整地保护和传承农业文化遗产，还可以促进当地的可持续发展。

随着全球重要的和中国重要的农业文化遗产地的认定，许多遗产地都比较注重农产品的品牌建设与宣传，完善流通体系，三产融合，提升农产品的市场形象和价格。遗产地通常出产多种农产品和拥有多家生产加工企业，品牌建设应当着重区域公共品牌的建立和保护。除了农产品的开发外，遗产地需要进一步挖掘和保护农业文化遗产的生态价值、科学和文化价值。遗产地应当利用国家推进农业绿色发展的契机，挖掘农业文化遗产的生态价值，获取生态补偿。通过宣传和旅游，将农业文化遗产的文化价值逐渐向社会展示，可以增强当地人的文化自信。所以，需要积极扶持农民参与旅游业的发展，拓展他们的生计来源，公平分享旅游业收入，提高农民保护传承农业文化遗产的积极性。

二、作为全球重要农业文化遗产，红河哈尼梯田具有哪些特征

2010 年，联合国粮农组织认定红河哈尼梯田为全球重要农业文化遗产。按照农业文化遗产的五个标准衡量，红河哈尼梯田都非常杰出和完整。在食物与生计保障方面，梯田稻作农业生态系统给哈尼族提供了营养丰富的食物。稻米是当地的主食；梯田里放养谷花鱼和鸭子；田内天然生长各种鱼类、螺蛳、黄鳝、泥鳅等水生动物，以及种植水芋等水生植物；在田埂上，哈尼族会种植黄豆，还可采食水芹菜、车前草、鱼腥草等野生草本植物作蔬菜；村寨上方的森林中生长着各种野生菌类，哈尼族采集后除食用外，一部分也用于出售；高山林下种植的草果，具有重要的经济价值。

在农业生物多样性保护方面，哈尼梯田具有丰富的水稻遗传资源。过去有数百个稻谷品种，2009 年申报全球重要农业文化遗产时，发现还有 48 个水稻品种。得益于水稻品种的多样性，哈尼族能够在不同海拔和水土条件的地方，开垦梯田种植水稻。此外，梯田以及森林中还种植其他作物，并且栖息着许多野生动物。除了保护农业生物多样性外，哈尼梯田和梯田上方的森林还具有重要生态功能——保护土壤，涵养水源，过滤泥沙，净化水质。在乡土和传统知识体系方面，哈尼族充分认识了山地生态系统的特征，巧妙布局了从山顶到河谷的土地利用结构，即森林—村寨—梯田—水系景观结构。山顶森林涵养水源，保障下方的村寨和梯田用水。梯田位于村寨的下方，便于把村寨中的农家肥用水力冲入下方的梯田。开挖漫长水沟截住高山森林中的地表径流和山里渗出的泉水，并接引到梯田；给村寨下方施肥的水力冲肥等体现了哈尼族的传统水资源合理利用的智慧。为了克服冬春干旱，梯田采用长年淹水的方式，蓄积水源。稻、鱼、鸭共生系统技术促进了水田养分物质的循环和高效利用，控制病虫害，丰富了哈尼族的食物和营养。

在文化、价值体系和社会组织方面，哈尼梯田农业系统代表了哈尼族的农耕文化。哈尼族认识到森林是梯田的"天然水库"，形成了对森林的崇拜和寨神林文化，森林资源的分类管理，以及民间守山人制度。为了利用有限的水资源，哈尼族建立了合理分配水资源的木刻分水制度；负责疏通水沟，分配水量和调解水资源纠纷的沟长制度。为了适应人口增长的需要，哈尼族制定了分寨制度，以利于就近农耕生产和食物保障。哈尼族的节日庆典活动与梯田农耕祭祀活动结合在一起，确保了梯田稻作农耕的绵延传承。最后，在景观特征方

面，哈尼梯田农耕系统在哀牢山创造了独特优美的森林—村寨—梯田—水系垂直分布景观结构。这种景观结构有利于保持水土，地表径流通过梯田层层过滤净化，避免泥沙进入河谷水系。哀牢山上部降雨丰富，土层深厚，含蓄水分较多，同时拥有茂密的森林涵养水源，形成了山有多高，水有多高的自然环境，非常适宜梯田的开垦。历经 1300 多年的开垦和维护，哈尼梯田遍布红河南岸哀牢山坡，规模之大，蔚为壮观，世界罕见。

三、红河哈尼梯田农业文化遗产的保护与发展

作为杰出的传统农业系统与景观，红河哈尼梯田 2010 年就被联合国粮农组织认定为全球重要农业文化遗产。哈尼梯田文化景观 2013 年又被联合国教科文组织认定为世界遗产。哈尼梯田集中分布在红河南岸的哀牢山区，这里地处偏僻，经济发展滞后，贫困面大。保护哈尼梯田的责任不可能完全由当地政府和群众来承担，需要社会各界的长期支持。哈尼梯田的保护必须结合当地经济发展的迫切需求，走可持续发展的道路，挖掘农业文化遗产的多种价值。在保护传承哈尼梯田农业文化遗产的同时，应当把提高当地农户的经济收入作为一项重要工作目标。农业文化遗产属于活态遗产，仍然在发展，以适应社会经济环境变化。保护方法应该是动态的，和一般文物的静态保护/保存方法不同。这就需要我们研究界定哈尼梯田农业文化遗产的核心要素和特征，如稻种资源、梯田的水稻种植、森林保护和沟长制度，集中各种力量完整保护、传承这些核心要素，允许其他方面与时俱进，有所改良。例如，开展梯田和森林徒步旅游，拓展农户就业机会和收入来源；改良稻鱼鸭种养模式，增加收入。此外，哈尼梯田保护应当整合全球重要农业文化遗产、世界遗产、国家湿地公园、国家 4A 级景区等认定的要求，开展综合保护与执法工作，提高工作效率。

挖掘农业文化遗产的多种价值，首先要通过品牌建设、三产融合提升农产品价值和农户种田的积极性。品牌建设应当着重红河哈尼梯田区域公共品牌建立和维护，以利于哈尼梯田遗产地出产的红米、田鱼、鸭、生猪、茶叶、林副产品等多种农产品和红河南岸多家生产加工企业，统一标准，共享区域公共品牌。三产融合需要开展深加工，纵向加长产业链，增加农产品附加值。另外，农产品三产融合还需要横向结合旅游业、文化产业和红河干热河谷开发等其他产业的发展。目前，红河南岸各县都在开展农产品品牌建设，成效显著。2009 年，笔者第一次来元阳考察

时，红米市场价格仅为 5 元每千克，现在可以达到 30 元每千克，翻了 6 倍。

除了农产品的品牌建设，红河南岸遗产地需要关注发掘和保护哈尼梯田的生态价值、科学价值和文化价值。发掘哈尼梯田多种功能和价值，既能够完整地保护、传承哈尼梯田的核心要素，又可以增强哈尼族的文化自信和拓展其收入来源。如：利用丰富的遗传资源和生物多样性，帮助选育优良品种、防治病虫害、适应不同的自然生境以及开展稻鱼鸭综合种养模式。发挥卓越的农耕技艺和水资源管理模式，可以促进传统有机栽培的恢复，提升农产品品质；改良稻鱼鸭种养模式；传承沟长—木刻分水—守山人制度保障梯田用水；修复村寨上方森林水源区的坝塘，增强水源涵养能力。利用国家推进农业绿色发展的契机，评估哈尼梯田农业文化遗产的生态价值，争取生态补偿。为了传承哈尼梯田的核心要素——农耕技艺，笔者建议比照非物质文化遗产传承人制度，开展农耕技艺传承人认定和补贴制度，加大种田能手的扶持力度，延续梯田的种植和维护。此外，要加强与有关科研教育机构合作，发掘哈尼梯田的科学价值，促进山地可持续发展。发扬悠久的历史和文化，增强哈尼族的文化自信。发掘哈尼古歌，传承农耕文化；利用祭寨神林仪式，增强保护水源林的意识；以节庆带动旅游业发展。

哈尼梯田壮美的景观，四度同构，保护了水资源的循环利用，同时具有比较高的旅游价值。红河南岸各县都在积极发掘梯田的景观价值，开发旅游。壮美的梯田是哈尼族历经 1300 多年开垦和维护形成的，目前哈尼族农户尚未广泛参与旅游业，旅游业给农户带来的收益比较少。我建议开展各种农户培训和能力建设，提高农户旅游业参与程度，留住当地年轻人参与旅游业的开发；建立公平分享旅游业带来的利益机制，调动农户维护梯田的积极性。另外，红河南岸各县旅游资源各有特色，旅游业开发需要注重挖掘独特的景观资源，如元阳的壮美梯田、金平的蝴蝶谷、绿春的茶园以及红河县的棕树梯田。

总之，保护哈尼梯田的责任不可能完全由当地政府和群众来负担，需要社会各界的长期支持。充分挖掘红河哈尼梯田农业文化遗产的生产价值、生态价值、科学价值与文化价值等多种价值，有利于保护传承哈尼梯田的核心要素，同时增强哈尼族的文化自信和拓展其收入来源。笔者建议完善相关利益分享机制，拓展遗产地农民收入的来源，增强农民保护传承农业文化遗产的积极性。红河哈尼梯田农业文化遗产是活态遗产，需要动态保护。动态保护要求核心要素完整传承，非核心要素允许与时俱进，以适应社会经济环境变化。虽然与时俱进允许哈尼梯田发展采取多种可持续的途径，但是动态保护是一项新的保护方法，需要我们在实践中不断摸索总结，并且与其他省份梯田农业文化遗产地交流学习，提高管理水平。

（梁洛辉：联合国大学可持续发展高等研究所顾问、研究员）

精准脱贫与县域经济发展

周　文

　　长期以来，云南是一个经济社会欠发达省份，贫困人口多、贫困面广、贫困程度深、扶贫开发难度大，到2012年底，全省还有804万贫困人口，129个县（市、区）中88个是国家扶贫攻坚县，特别是西部边境、乌蒙山区、迪庆藏区、石漠化片区以及人口较少民族，更是云南脱贫攻坚的"硬骨头"，摆脱贫困是云南各族人民世世代代的梦想。

　　作为中国脱贫攻坚的一个主战场，十八大以来，云南向贫困发起了全面总攻。到2016年底，云南省贫困人口已从2012年的804万下降到363万，年均减少贫困人口110万。习近平同志曾亲自走进云南最贫困的山村，与少数民族困难群众共商摆脱贫困的办法，并动情地作出"决不让一个兄弟民族掉队"的指示。紧扣"减贫""民族"，云南省各级政府做出卓有成效的探索，取得了显著成绩，走出了一条符合省情的扶贫开发道路，极大地改善了边疆各族群众的生活，成为"中国式扶贫"的典范。

　　这次参加云南省社科联组织的社科专家基层行到红河调研精准扶贫、精准脱贫，时间短，可能有点走马观花，深入不够，但还是有很多收获和体会。在这次调研之前，我曾到过屏边调研精准扶贫和精准脱贫，现在又来到红河南部几个县调研。这次调研的几个县，最大的共同感受是，这些县的县城几乎都是建在山坡上，很难找到建在平地上的，自然环境相对恶劣，这在其他省份是很难看到的。

　　应该说，我们这次调研的几个县，集中反映了云南最为典型的风貌和特征：少、边、山、贫、丰（丰富的自然资源），而且贫困程度深、贫困面大。除此之外，各地区都呈现出各个地域的特点，所以我认为应该再加一个"各具特色"。从这个角度讲，无论红河各县的扶贫和脱贫有多大的困难，我们还有很大的空间可以挖掘，有更多的机会和舞台可以施展。

　　一路行来，通过这几天的调研，我对中国国情、县域经济有了更切身、更直接的感受，对中国经济的认识更全面、更深刻、更具体，对精准扶贫和精准脱贫的有些问题的看法可能更到位、更准确、更直观。现在我们做学问、做学术强调"顶天立地"，也就是说，你不能立地，也就顶不了天。现在大学里有些人既立不了地也顶不了天，或者只顶天、不立地。因此，需要深入基层调研，多观察中国农村基层的发展状况，多了解中国最基层的实际。我正好利用这次调研带着一些问题来考察和思考，扎根中国大地，思考中国问题，寻求破解中国问题之道。临行调研之前，社科联领导反复强调，专家进基层要有问题导向和问题意识，找问题、补短板、求创新。根据这几天的实地调研以及大家的汇报材料，我谈一些感受和体会，同时借这个机会与大家一起交流和学习。

2017 年上半年，我在屏边调研了五天，回来后写了一篇文章：《讲好扶贫攻坚的中国故事是学者的使命和责任》，得到了各方面的肯定和认可。屏边是中国脱贫攻坚的一个缩影，通过屏边可以看到未来三年全国扶贫攻坚的成效和发展的希望。通过这几天的调研，我更看到了县域经济发展中值得深思的地方。大家生活在当地几年，甚至几十年，对某些问题可能习以为常，我们作为外来者看到的问题，可能和你们感觉不一致。但是，我们的目标是一致的：都希望红河在未来发展得更好、更全面，红河老百姓的生活能够尽快地富裕起来，红河的经济能够更快地强大起来，尽早全面实现小康。

一、县域经济发展要做到三化：特色化、优势化、集群化，避免同质化，聚焦支柱性产业，提高产品附加值

这几天调研的最大感受，就是我看到整个云南的发展意识比较强，氛围比较好，这是可喜可贺的地方。但是，每到一个地方，都在强调旅游业的发展。我们需要进一步思考的是：作为一个县的旅游业，真正的特色在哪里，优势在哪里，产业和产值究竟能做多大，能否真正在云南省或者全国做到独具特色，能否真正发展成为支柱性产业。这些问题需要县领导进行深入、全面的思考，而不是简单地强调旅游业的发展。现在国家提倡全域旅游，但前提是要有自身文化和自然资源，没有这些条件，硬拼硬凑不行。

个人感觉，每个县都有自己的特色和亮点，但是这些特色和亮点都是星星点点，形不成太阳，在经济发展的过程中不能起到很好的支柱性作用，不能在致富的过程中起到很好的带动性作用、引领性作用。这一点值得大家思考。举个例子，从元阳到红河，大家都在强调打造梯田旅游。假如我是一个旅游者，在元阳看到气势磅礴的梯田之后，还会想到红河继续看梯田吗？不会的。因为你的气势赶不上它。从旅游业发展的角度来讲，既然元阳发展了梯田，我建议红河不要再强调梯田旅游。你要挖掘你的优势、你的特色，形成点面结合，去元阳看过梯田之后，还会想到红河来看属于红河特色的东西，而不是又来红河看梯田，避免让旅游者产生一种厌倦感。可能我对这个问题思考不够，可能很多人对我的这个判断不认同，我是想提醒在旅游发展和旅游规划中一定不要同质化，避免低层次重复竞争，要错位发展、特色发展，要找准在云南的定位、在全国的定位。在文化产业中挖掘旅游资源的时候，你们讲到很多有价值的东西，但需要进一步思考的是发展空间究竟有多大？对于旅游发展，不要仅仅从县域角度去考虑问题，站位要高，起点要高。起点高，站位高，未来发展才会好，希望才大。

我看了红河州2017年的经济数据，2016年生产总值有35亿元，但是公共财政预算收入不足。那么作为外来者就会考虑一个问题：红河整个产业的附加值不高，有产值，没有收入。比如刚才乡长讲的"歌舞之乡""棕榈之乡"等，但是并没有把规模做大，没有把产业链拉长。作为县域经济，为什么要遍地开花？找到一个点做大、做强、做优，就很好。例如将"棕榈之乡"做到全国最大的规模，甚至成为世界产品的原产地，产业链不够长就要加强深加工，深加工的技术支撑不够，就要引进各方面人才。我认为县域经济不要搞得点太多、面太广，点多面广不是县域经济的突破口，县域经济能够抓到一两个支柱性产业，就成功了。比如义乌把小商品市场做到全国有名，乃至世界有名。所以对县域经济来说，产业聚焦很关键、很重要。旅游的发展要从全国来看，不要只从云南省看，如果仅仅从县域的角度来规划发展旅游，村村点火、户户冒烟，城市化程度不高，产值做不大，这样没有前途。

二、县域经济发展要跳出历史和县域的视野，发挥主观能动性，积极进行项目融资和市场融资，实现规模化和产业化发展，决胜全面建成小康

在云南省的县域层次，少数民族比较多、贫困面比较大、贫困点比较多、脱贫的任务比较艰巨，这是挑战，但也是机遇，说明云南县域经济发展是一个大文章，发展的潜力、发展的空间很大。按照习近平同志提出的要求，一个都不能掉队。而且今天面临一个攻坚任务：原来提出全面建成小康社会，现在进入到一个决胜全面建成小康的关键点。所以对你们来说时间短，任务非常艰巨。

面对山高、坡陡等因素的牵制，在历史上，边疆民族地区主要强调"固边、守边"，而"兴边、富边"的意识不足。现在脱贫攻坚是中国的头等大事，云南又是中国脱贫攻坚的主战场，历史欠账多、基础薄弱，各方面条件比较艰苦，工作难度相对较大。"毕其功于一役""一个也不能掉队"，所有艰巨的任务都集中在现在的阶段，更有挑战性的任务。我们不能用现有的眼光、历史的眼光来解决问题，应该跳出现实、跳出历史来思考红河的发展，思考如何决胜全面建成小康。仅仅立足于历史和县域的视野是远远不够的，因为如果局限于这一点，发展就不具有可持续性，脱贫就不具有彻底性。红河传统小农经济的发展和现代产业的发展一定要结合起来，还要和特色的支柱性产业结合起来。支柱性产业是什么，特色产业是什么，一定要心里有数，发展思路一定要理清楚，不能眉毛胡子一把抓。支柱性产业如何发展，特色产业如何发展，一定要把它们区分开来。在这个问题上，国家政策很好，要求全面脱贫，没有人才可以引进，现在上海市也对红河进行"帮、扶、带"，关键是当地政府要有很好的对接举措。

在调研中，我们还发现有一个问题是"等、讨、要"的思想比较突出，一味强调发展中存在的资金不足、融资不足等困难。归根到底还是主动性思维不够，比如说，银行的扶贫只能锦上添花，不可能雪中送炭。因为银行是营利性机构，不是慈善机构。我们要做的是项目融资，拿着培育好的项目找资金会容易得多。另外也可以市场融资，资本的市场如何盘活？我们不要用政府的行政思维做这些，要做好前期培育，有多大的项目、多大的盈利应该展示出来，吸引更多的企业来融资。

前段时间，我到贵州的塘约村调研，现在塘约道路很火，中央和各个阶层都很重视。我认为，贵州的塘约道路是中国农村深化改革的样本，它超越了传统的集体经济，也超越了家庭联产责任制，是未来中国农村改革深化的方向。现在网上有很多人质疑，说它是靠政府投资堆出来的塘约模式。我和塘约村支部书记交流之后，他承认有很多资金来自于政府，但是村里的发展完全是按照项目竞争而来的。政府的立项要求和目标是什么？要先把符合条件的项目做好，政府的导向不是按需求给我资金，而是给我应得的项目。所以，项目融资前期要培育好，怎么吸引更多资本融入很关键。

现在，谈到县域经济发展都讲到"小、散、弱"的问题，那么如何形成规模化和产业化呢？县里的发改委及其他相关行业部门都要集中思考，怎么样将"小、散、弱"整合起来。这不仅要引起我们外来者的关注，更多的是要引起省以上乃至全国的关注，将"小、散、弱"集合起来，形成规模化、产业化，才是真正的发展前景所在。

三、县域经济发展要发挥自身优势和潜力，要加强党组织建设和村民自治，提高农民生产积极性，用集体经济壮大、培育农村经济

我想说的是，大家谈问题比较多，特别是谈贫困的问题。但是，有些东西既是问题也是资源。作为县域经济，不可能走昆明市那样的发展道路，不可能把昆明市的发展目标和规划拿到红河来应用，县域经济应该要有自己的特点和优势。特点是什么，优势是什么，很显然，红河的农村人口仍然占主体，还没有实现城市化。所以农村是主体，农村是发展的希望，也是问题之所在，是贫困的根源之所在，同时也是发展的潜力之所在。在调研中，我们发现大部分地方目前在发展思路上聚焦点不够，总是静止地看问题，农村是攻坚脱贫的关键之所在，但也是发展的希望之所在。如何把农村发展成为推动红河未来繁荣的动力，这块的潜力需要好好挖掘。

改革开放近40年，给农村带来了很大的变化，但是也面临着很多问题。农民生产积极性不高，一家一户的生产，一亩三分地，没有实现规模化和产业化，没有积极性，也不能致富。当前要把农村的潜力挖掘出来，就要深化农村的改革，要推动形成更好的集体经济，用集体经济来壮大、培育农村经济，如果这块做不好，农民是没有积极性的。适度的土地集中和流转，有助于农村经济的发展。

深化农村改革，一方面要强调规模化和产业化，另一方面要结合小农经济。新生"农二代"可以到城里做工，腾出空间，这样农村经济才可以真正地、全面地活跃起来。所以我们对贫困问题的思考不要单一化、片面化，农村依然有大文章可做，潜力如何挖掘要引起我们的思考。农村要抓好两点：一是加强党的组织建设，有个好的村支部书记，可以带领更多的群众致富；二是发挥村民自治的作用，做到统分结合，"统"在于集体，"分"在于农民个人的积极性。农民做不了的交给集体，集体不利于做的交给农民，这样农村经济就可以盘活，做强做大。

整个云南省都面临这样一个问题：改革动力不足，创新意识不足。习惯于

见子打子，习惯于上面怎么说、下面怎么动，缺乏对国家政策结合地区实际的创新，缺乏主动作为的担当，总是意识早而运作慢。但是国家政策是宏观的东西，每个地域都有自己的特色和差异，把国家政策和地域化特色结合起来，这样才能创造出地方经济的活力与生机。

四、县域经济发展要将问题转化为前景，充分利用"互联网＋"，克服弊端，形成"品牌统一、市场统一、标准统一"模式，做大做强

县域经济有它的弱点：交通不便，信息化不够，人流、物流集聚力差，规模化成问题，这是事实。但是面对这样的问题，我们不能困惑、不能屈服，如何把问题转化为前景，是这个时代需要我们解决的问题。

前两天，我们专门看了当地的电商平台，做得很好，有亮点，有特色。但是有一个问题，这是小农式的经营，电商平台究竟能做多大，这种小规模的经营究竟能够维持多久时间，产值化、市场化、品牌化要有长期规划，产品质量很好却没有找准定位。我们应该统一起来，主打一个品牌，不要每个地方单独打各自的品牌，一开始规划和经营，目标就应该是在全国做强影响、做大规模，而不是在一个县里面争来争去。

品牌统一、市场统一、标准统一，这样市场前景、市场规模、经济产值才会更大，要充分利用"互联网＋"来克服县域交通、信息不足的弊端。今天不能继续走过去零售、批发的产业模式，搞一个，死一个。马云之所以能够成功，要感谢全国人民，是很多个小马云的牺牲，才成就了一个大马云。没有其他人的奉献，马云是成功不了的。我们也可以借鉴这样的模式把市场做大。

五、将国家的发展战略融入县域经济发展规划，宏观和微观相结合，找准定位，弥补差距，发挥经济圈的交汇点优势

看完材料，听完汇报，我感觉几个县域的发展规划和布局没有融入国家的发展战略中去，这方面的意识不够。我的理解是，可能县长或书记认为县是基层单位，宏观的东西到不了这个层面。其实从国家层面上讲，郡县治，天下安，县是国家行政的末梢，同时又是国家的支柱。也就是说，县域经济发展起来了，国家自然就强大了。

今天中国和西方国家的比较，最大的落差就在于县这个层次。我去过多个国家，事实上，中国省级城市的发展远远超过西方，高楼林立，现代化程度远远超越西方任何国家，我们现在的主要差距在县级层次。如果中国的县域经济能够发展起来，将会把西方国家远远甩在后面。现在国家领导也在思考县域经济的发展和壮大，郡县治，天下安。县域经济的支柱性产业如何全面推进，是推动县域经济发展的关键问题。但是，县域经济发展不能脱离国家发展战略，国家发展战略是整个县域经济发展的重要支撑。所以，县域经济发展一定要和国家战略对接起来。走了几个县，我感觉这方面融入都不够。

我们应该把县域经济的发展目标、发展规划、发展战略放在国家的大盘子里面去思考、去对接，在国家发展战略布局中找准自己的定位。应该的定位在哪？现在的定位是什么？差距在哪里？通过找差距来弥补差距，我相信这样的县域经济一定会发展起来，一定会壮大起来。有了这样的意识之后，大家应该主动作为、精准作为、积极有为，这样国家领导高兴，省里领导高兴，州里领导高兴，县里的老百姓也很高兴。县域经济的立足点一定要高、战略一定要准、视野一定要广，既要有微观的努力，又要有宏观的视野，两者相结合。俗话说："上面千条线，下面一根针。"我们应该做好宏观和微观交汇点的大文章，不要仅仅从州或者省的角度考虑问题，要把这块弥补起来才是真正的希望所在。

另外，红河最大的地域优势就是滇中、滇西、滇东南三大经济圈的交汇点，舞台很大，平台很广，关键在于充分发挥三个经济圈交汇点的亮点和优势，只意识到某一个经济圈是不行的。

以上是我的一些个人感受。我了解得不多、深入得不够，提的建议和个人体会不一定很对，借此机会和大家一起交流。从内心讲，我很想继续在红河作进一步了解，加深和丰富我对云南县域经济的感受和认识，但是时间有限，只能期待日后有机会和大家作进一步交流。

谢谢大家！

（周文：复旦大学关键岗教授、博士生导师、博士后合作导师、中国研究院副院长）

完善梯田经营管理方式　推动精准脱贫取得实效

郑宝华

　　哈尼梯田由于其特殊的耕作方式，可扩大的耕地资源非常有限，加之人口的持续增长，现在哈尼梯田经营已经处于难以维系的境地，不但广大哈尼族人民的生活水平难以得到有效提高，脱贫攻坚面临特殊挑战，而且哈尼梯田系统面临越来越多和越来越大的威胁与挑战。2016 年，红河哈尼梯田重点区域红河、元阳、绿春和金平四县的总人口为 132.92 万人，人均承包耕地面积 0.84 亩，比全省平均水平 1.10 亩少了近 1/4。而全国第六次人口普查的结果，这四县的哈尼族人口共为 727 625 人，按照五普到六普的人口增长速度，2016 年四县的哈尼族人口约为 76.69 万人，而四县的梯田面积约为 60 万亩，人均仅为 0.78 亩。依据一般的稻谷亩产 350 ~ 400 千克计算，每千克稻谷 7 元，亩产值约为 2 450 ~ 2 800 元，即使按上限 2 800 元计算，扣除必须用现金支付的生产成本，每亩的产值也仅为 2 000 元，人均收入只有 1 500 元，大概只是 2016年国家规定的贫困线 2 952 元（相当于 2011 年的 2 300 元）的一半。如果梯田经营是农户的主要家庭收入来源，那么哈尼族将处于整体贫困状况。当然，勤劳聪慧的哈尼族人民并没有坐等政府救助，这就是为什么多数哈尼族青壮劳动力大量外出打工的原因之一。仅以元阳县为例，2016 年的总农户数为 85 746户，其中兼业户达到了 7 868 户，外出打工人数达到了 69 355 人，占全县农村劳动力资源 257 584 人的 26.93%。但即使如此，仍然有很大部分人口滞留农村，并且以经营土地为生。同样以元阳县为例，纯农户高达 76 890 户，占总农户数的 88.64%；从事一产的劳动力多达 169 296 人，占全县农村劳动力资源的 65.72%。

　　值得强调的是，由于哈尼梯田特殊的生态系统，稻谷收获后必须把水保留在田里，这使得传统的稻作生产每年只能种植一季，尽管其光热水土条件适合两季作物（但不能种植双季稻），低海拔地区甚至可以三季。哈尼梯田农耕系统经营的单一性，进一步降低了土地的产出率，也更加激化了人地矛盾，加剧了脱贫攻坚的难度，因为复种指数太低。加之哈尼梯田"森林—村寨—梯田—水系"四素同构特点，海拔 1400～1800 米左右是梯田，随后是村庄，村庄上面就是为了保障水资源供给的森林，这也导致哈尼族聚居地区没有太多旱地，森林的主要功能是涵养水源，除了一些地方在林下种植一些如草果和板蓝根等经济作物外，多数林地不能用于经济林果的种植。这种农耕系统的单一性导致的最终结果是，如果固守传统农耕方式，不可能有太多其他收入来源，从而使之单位面积的生产率水平很低，一般就是前面分析提到的，亩均产值 2 500 元左右，大大低于全国和云南省的平均水平。

这种特殊的农耕系统，导致两个与其他农耕系统相比具有的结果：

一是因为其劳动生产率和土地产出率水平很低，由此导致农户的收入水平很低，在市场经济条件下，表现为较低的商品率和现金收入水平，最终使多数哈尼族群众处于贫困状态，并呈现出贫困面较大，贫困程度较深的特点。2015年，四县的贫困发生率高达 27.55%，比红河州的平均水平（16.22%）高出了 11.33 个百分点，比云南省的平均水平（12.71%）高出了 14.84 个百分点，是云南省贫困面较大和贫困程度较深的区域之一。其中元阳县的贫困发生率高达 29.51%，是云南省贫困发生率较高的县份之一。（见表 1）

表 1　红绿金元及元阳县土地流转相关主要指标与全省及全州的比较

	云南省	红河州	红绿金元	元阳
人均承包耕地（亩）	1.10	0.97	0.84	0.88
2016 年农民收入（元）	9 020	9 449	7 126	7 131
2015 年贫困发生率（%）	12.71	16.22	27.55	29.51
2016 年土地流转率（%）	19.73	22.41	19.83	14.62

二是耕地流转比例较低，尤其是流转给新型农业经营主体。从表面上看，四县（19.83%）乃至红河州南部 6 县（19.32%）的土地流转比率与云南省的平均水平（19.73%）很接近，仅比红河州平均水平的 22.41% 分别低了 2.58 和 3.09 个百分点，其中红河县（29.86%）还高于全省、全州以及红河州北部 7 县（市）的平均水平，金平县（23.64%）也高于全省、全州的平均水平，略低于红河州北部 7 县（市）的平均水平。（见表 2）但仔细分析不难

看出，被流转的哈尼梯田面积很少，尤其是流转给新型农业经营主体用于发展非粮食作物的比重较低。仅以元阳县为例，流转给企业的仅有 2 132 亩，仅占 4.03%；流转给其他主体的仅 3 610 亩，占 6.83%；而流转给农户的高达 89.14%，比云南省的平均水平（47.31%）高出了 41.83 个百分点，比红河州的平均水平（54.44%）高出了 34.70 个百分点。流转出去的土地有四成多（40.53%）用于粮食种植，比云南省的平均水平（23.73%）高出了 16.80 个百分点，比红河州的平均水平（16.52%）高出了 24.01 个百分点。（见表3）也就是说，由于哈尼梯田特殊的农耕系统，很难流转到新型经营主体。这种情况还可以从元阳县各乡镇流转土地面积占承包面积的比例示意图中窥见一斑。在元阳县的 14 个乡镇中，位于哈尼梯田遗产核心区的是新街镇、牛角寨乡和黄茅岭乡。2016 年，新街镇流转耕地面积只占承包耕地面积的 12.95%，牛角寨乡只占 10.01%，不仅远低于全省、全州的平均水平，还低于红河州南部及元阳县的总体水平，只有黄茅岭乡的比例达到了 40.16%，高于全国[1]、全省、全州和全县的总体水平，其中最关键的原因不是梯田的流转，而是一部分低海拔的梯田被旱地化后通过流转用于香蕉种植。（见图1）实地调查发现，新街镇的梯田只有 460 亩被流转出去，并都被用于稻渔模式示范。

表 2　2016 年红绿金元土地流转与全省的比较

地区	承包面积（亩）	流转面积（亩）	流转面积占承包面积的占比（%）
云南省	42 107 530	8 309 435	19.73
红河州	3 623 494	653 680	22.41
北部七县（市）	2 227 079	542 128	24.34
南部六县	1 396 415	269 839	19.32
红绿金元	1 116 484	221 433	19.83
元阳县	361 581	52 860	14.62
金平县	349 441	82 600	23.64
红河县	181 592	54 220	29.86
绿春县	223 870	31 753	14.18

---

[1]　初步估计流转面积占承包面积的 35% 左右。

表3　元阳县土地流转到农户及用于粮食种植的比例与全省及红河州的比较

地区	流入农户面积占比（%）	用于粮食种植的比重（%）
云南省	47.31	23.73
红河州	54.44	16.52
元阳县	89.14	40.53

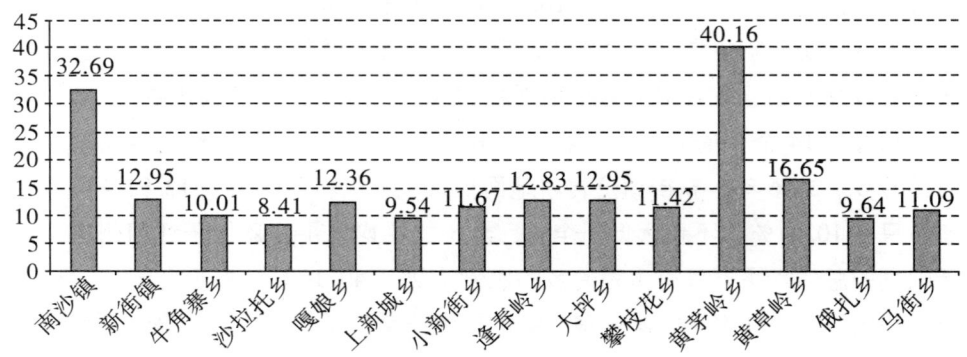

图1　元阳县各乡镇耕地流转面积占承包面积的比重（%）

以上分析表明，哈尼梯田是一个具有特殊意义的农业生态系统，仅从其农业生态系统来说，其重要特点是它必须常年保水，因此不能种植小春作物。加之多数梯田坡度25°～45°左右，经过长期人工开垦出来的，很像天梯，多数梯田的单块面积在1亩以下，不利于机械化操作，在人工成本不断攀升的情况下，单纯的水稻种植收益微薄，很难吸引到新型经营主体进行规模经营。这就是为什么哈尼梯田承包经营权流转比例较低的重要原因。加之哈尼梯田有本身承载的文化内涵，多数哈尼族群众也不愿意放弃土地耕种，这也进一步限制了哈尼梯田承包经营权的流转。这是我们探讨土地流转需要充分关注的重要特点。在这种情况下，提高哈尼梯田经营收益的办法，不应该是如何引导新型经营主体流转土地，而应该是如何进一步优化生产体系、产业体系和经营体系，在提高土地复合经营效益的同时，提高产业的融合发展水平，放大农业产业化经营效益。

一、积极推广稻渔模式，优化生产体系

稻渔经营方式是哈尼族人民上千年的农耕方式，是梯田耕作系统的成功实践。过去的稻渔经营主要是为了改善哈尼族人民的膳食结构，因此以自给自足为重点。近年来，为了提高梯田经营收益，在地方政府的大力扶持下，逐步推广了梯田水稻—鱼—鸭、水稻—鱼、水稻—泥鳅等复合经营模式，统称为稻渔复合经营模式。仅以元阳县为例，2014 年县人民政府筹集资金 1 000 余万元，先后在新街、牛角寨、马街等乡镇实施"稻鱼鸭"绿色高产高效综合种养模式试验示范 8 000 亩，按照每亩投入 3 千克红米种子、10 千克鱼苗、25 只麻鸭的技术标准，每亩可产稻谷 400 千克，产值 2 800 元；鱼 40 千克，产值 2 400 元；鸭蛋 2 000 枚，产值 6 000 元。通过试验测产，示范区亩产值达 10 080 元，辐射带动区亩产值达 8 030 元，梯田综合效益大幅提高，亩产值由单纯种植水稻 2 500 元左右提高到万元以上，实现了"百斤粮、百斤鱼、千枚蛋、万元产值"，"一水三用、一田多收"的综合效益。经过 3 年的探索和实践，品种选择、培育壮秧、精细整田、合理密植、鱼苗和雏鸭投放、肥水管理、病虫害综合防治、适时收获等技术指标都达到了预期目标。2017 年，元阳县委、县人民政府决定以"公司＋合作社＋农户""合作社＋农户""种植大户"带动等经营模式，稳步推进连片示范区 13 片 2 万亩，辐射区 3 万亩，覆盖除南沙镇外的所有 13 个乡镇。目前，已经在新街镇爱春开展良种繁育基地 1 000 亩和筛选 42 个梯田红米品种；在大鱼塘村试养台湾泥鳅 50 亩，示范区安装杀虫灯 35 盏；在黄草岭、大鱼塘建设全国稻渔综合种养试验示范基地，筹建院士专家工作站、农产品展示营销中心，开展智慧农业、"三品一标"认证等工作，使稻渔综合种养模式稳步发展。

稻渔复合经营模式的核心是优化了梯田的生产体系，使单一经营向复合经营转变。这一转变带来了梯田生产体系的根本变革：一是"一水三用、一田多收"，使土地和水资源得到充分利用，改变了过去土地和水资源大半年被闲置的状况；二是随着土地和水资源利用效率的提高，劳动力也得到了更充分的利用；三是土地的综合效益显著提高，亩产值由过去的 2 500 元左右提高到上万元，净收益由过去的 1 500 元左右提高到近 5 000 元（稻谷 1 500 元，鱼约 1 500 元，鸭蛋约 2 000 元——因为鸭子需要大量饲料）。这意味着，如果每个人拥有 0.78 亩梯田，净收益可以达到 4 000 元左右，基本能够实现目前标准的脱贫，而如果是单纯采用过去的经营方式，仅仅依靠梯田，根本无法实现脱贫摘帽。更重要的是，通过优化稻渔复合生产体系，还可以找到新型农业经营主体与农户连接的有效途径，把传统梯田经营主要为了粮食自给的模式向市场经济发展，为梯田农业的产业化经营找到方向。这对于梯田农业供给侧结构性改革也是一种有效探索。

为了进一步优化梯田农业生产体系，应依托较为成功的稻渔复合经营模式，进一步做好以下工作：一是进一步探索和总结新的经营模式，包括不同的稻—鱼—鸭配置比例和生产模式，示范推广水稻—泥鳅、水稻—黄鳝等模式；二是加大梯田优质红米品种的选育工作，以稳定产量为前提，以提升品质为重点，努力选育能够适应不同海拔和区域的品种；三是探索有效的扶持方式，使稻渔复合经营模式在向广度发展的同时向深度发展，尤其是在进一步提高鱼类的品质和鸭子的综合利用上下更大功夫；四是进一步探索有效的利益连接机制，真正把梯田作为第一车间，让广大农民获得更多实惠，提高稻渔复合经营模式的效率和可持续性。

二、努力促进三产融合，优化产业体系

三产融合发展已经成为我国农村产业体系建设的重点。2015 年国务院办公厅《关于推进农村一二三产业融合发展的指导意见》强调：要"主动适应经济发展新常态，用工业理念发展农业，以市场需求为导向，以完善利益联结机制为核心，以制度、技术和商业模式创新为动力，以新型城镇化为依托，推进农业供给侧结构性改革，着力构建农业与二三产业交叉融合的现代产业体系，形成城乡一体化的农村发展新格局，促进农业增效、农民增收和农村繁荣，为国民经济持续健康发展和全面建成小康社会提供重要支撑"。由此说明，三产融合发展已经是实现国民经济持续健康发展和全面建成小康社会的重要支撑，其着力点就是构建农业为主的一产与二、三产业交叉融合的现代产业体系。而对于红河州哈尼梯田生产区，充分利用其红米资源，大力发展农产品加工工业，不仅是挖掘农业优势的必然要求，还是推动农业供给侧结构性改革、优化农业产业化体系的基本方向；而利用哈尼梯田作为世界遗产的巨大资源优势，把农业与旅游业有机结合起来，不仅可以拓展旅游产品，还可以提升哈尼梯田的农业发展质量。从本质上来说，三产融合是哈尼梯田地区发展的必然要求和基本方向。

对于哈尼梯田区域来说，三产融合发展的重点应突出以下几个方面：一是进一步挖掘梯田红米的营养和文化价值，充分利用元阳梯田红米作为云南六大名米所具有的品牌价值，通过申请地理标志保护农产品（质检部门）、国家地理标志农产品（农业部门）和地理标志商品商标（工商部门），在对产品进行有效保护的同时，加大品牌推介力度，进一步拓展梯田红米的影响力，以此提升其品牌效应；二是在挖掘现有红米加工能力的基础上，进一步提升加工能力，延伸其产业链和价值链，把梯田红米打造成哈尼梯田区域三产融合发展的重要引擎，在提高加工增值能力的同时，开发更多红米产品，如快餐食品和方便食品等，并挖掘红米副产品的价值，包括从谷壳及次米中提取洗发、沐浴用品，甚至精油等产品，不断拓展产品链和价值链；三是借助稻渔复合经营模式的推广，加大有关渔产品的加工和产品开发，提高稻渔复合经营模式的附加值和盈利水平；四是借助哈尼梯田的品牌效应，进一步开拓旅游产品，大力发展以观光农业和乡村旅游业为主的旅游新业态，不断探索一产和三产深度融合发展的新内涵和新途径；五是把红河谷开发与梯田开发有机结合起来，通过区域协调发展来延伸哈尼梯田的旅游观光时间和空间。

为做好哈尼梯田区域三产融合发展，州县地方政府和相关利益群体应做好如下工作：一是进一步提高认识，核心是要把哈尼梯田视为哈尼族的重要文化载体，充分发挥哈尼族人民对于梯田保护开发的主体作用，任何决策和行动都必须以此为出发点。这里的主体不仅是行动的主体，更是决策的主体和受益的主体，偏离这一方向的开发最终将失去人民的支持，也必然没有可持续性。二是把梯田的高效耕耘作为三产融合发展的核心，在三产融合发展中不断探索有效的利益连接机制，保证耕耘梯田的广大哈尼族人民获得较大利益，原因在于"梯田兴，百业兴；梯田毁，百业毁"。三是在有效保护梯田红米品种资源的同时，采取有效措施提升其品质，重点是强化品种驯化和培育、稻米精细加工和包装、品牌保护和宣传、市场营销和策划等工作。

三、大力强化社会化服务，优化经营体系

哈尼梯田独特的立地条件和经营方式，试图通过土地流转实现规模经营的可能性较小，小农经营将是基本形态。换句话讲，完善哈尼梯田规模经营的方向不是空间规模的扩大和机械化生产，而是以家庭为主的手工劳动，因此，经营方式的规模化是基本方向。这里的经营方式的规模化，强调的是通过优化农业经营体系，为单家独户的小农生产提供产前、产中和产后服务，从而实现经营方式的规模化。从这个意义上讲，如何构建能够适应哈尼梯田农户分散经营的社会化服务体系，就成为优化经营体系的方向和重点。换句话说，就是通过

向广大农户提供社会化服务，让他们能够获得较适宜的技术和市场营销服务，进而统一种植作物品种和种植方式，在保证稳定的农业收益的同时，维护和提升梯田的景观价值。

针对当前哈尼梯田经营的现状和基本特点，强化社会化服务的重点有如下几个方面：一是以积极推广稻渔复合经营模式为重点，发育社会中介组织，包括农业产业化龙头企业、家庭农场、农民专业合作社和经营大户和专业户等，让他们通过市场手段承担更多的社会化服务，尤其是红米和鱼类品种的选育、更高效的稻鱼经营模式的开发、主要农产品的加工、产品市场的开拓、营销服务体系的建立、品牌的打造和维护等，以此来提高农户的土地产出率和劳动生产率；二是探索有效途径，鼓励农户联合经营和集体经营，在提升专业化发展水平的同时，完善自我服务体系；三是探索有效模式，集中打造乡村旅游和观光农业，世博公司和乡办等企业应以景村和景户联动为抓手，进一步探索有效途径，提高哈尼梯田耕耘农户参与旅游开发的广度和深度，在实现互利共赢的同时，提高农户保护利用梯田的积极性和创造性。

为强化社会化服务，优化经营体系，县乡政府需积极发挥好引导作用：一是调整政策和扶持措施的方向，由重点引导新型农业经营主体通过土地流转实现规模经营向重点扶持新型经营主体为小农提供良好服务转变；二是进一步完善与世博公司等企业的合作方式，鼓励企业与村寨及农户建立紧密型利益连接机制，包括入股、利润返还、合作开发等方式；三是进一步加大品牌创建和维护的扶持力度，鼓励各种经营主体树立品牌经营理念，以品质支撑品牌，以品牌提升品质，走品质至上、品牌引领的发展道路，以此提高哈尼梯田区域发展的效率和可持续性。

（郑宝华：云南省社会科学院农村发展研究所所长、二级研究员）

红河哈尼梯田文艺的现代修复

王清华

2014 年 10 月 15 日，中共中央总书记习近平在文艺工作座谈会上发表重要讲话，指出："我国少数民族能歌善舞，长期以来形成了多姿多彩的文艺成果，这是我国文艺的瑰宝，要保护好、发展好，让它们在祖国文艺百花园中绽放出更加绚丽的光彩。"习近平对少数民族文艺的赞赏溢于言表，而对少数民族文艺瑰宝的丧失则感到痛心，2013 年 12 月 23 日在中央农村工作会议上说："我听说，在云南哈尼稻田所在地，农村会唱《哈尼族四季生产调》等古歌、会跳哈尼乐作舞的人越来越少。不能名为搞现代化，就把老祖宗的好东西弄丢了！"

《哈尼族四季生产调》、乐作舞正是哈尼族诗歌艺术和舞蹈艺术的精品，是哀牢山哈尼族地区流传最广、流传时间最长、影响最大、最典型、最重要的文学艺术成果。习近平同志一语中的，指出了哈尼族文艺面临的巨大危机。

哈尼族是我国西南边疆历史悠久、文化古老的民族，是我国民族大家庭的一员。在漫长的历史岁月中，哈尼族在大西南崇山峻岭中创造了雄伟壮丽的梯田农业、丰厚博大的梯田文化和极其丰富多彩的文学艺术。

长期的哀牢山田野工作和对哈尼族的研究，使我对哈尼族的文学艺术情有独钟；面对哈尼族文学艺术的渐渐损坏和消失，我更感到痛心疾首。多年来，我都在思考和寻找哈尼族文学艺术的现代修复方式和可持续发展途径。本文所议，一是为了弘扬红河哈尼梯田文艺；二是为消除危机、修复和发展梯田文艺提出建议。

一、梯田文艺：深沉的大地艺术

哈尼族的文学艺术内涵深厚，形式独特，在滇南独树一帜。

我之所以称哈尼族的文学艺术为梯田文艺，是因为哈尼族在滇南红河南岸

43

创造出了举世罕见的世界文化遗产"红河哈尼梯田"①。红河哈尼梯田有着雄伟壮观的形象，它不仅是宏伟的农业生态系统，还是哈尼族在世间创造的巨大的物质文化实体和深沉的精神文化象征物，同时它还是哈尼族文化的核心，是哈尼族一切文学艺术创作的源泉和巨大参照物。

哈尼族梯田文艺门类众多，其诗歌、神话、故事、舞蹈、歌唱、建筑、装饰等都达到了极高的成就。现仅以其诗歌艺术、舞蹈艺术、装饰艺术为例，以窥全貌。

（一）诗歌艺术

在哈尼族的心目中，梯田是一个巨大的生命体，是一个包容着厚重历史和浪漫现实的巨大容器。对梯田所体现出来的生命韵律的感受和赞叹，使哈尼族的语言丰富多彩，生动活泼，使哈尼族的诗歌艺术达到相当的规模和极高的境界。

1. 哈尼族诗歌的类型

哈尼族的诗歌艺术在哈尼族的所有艺术门类中占据着最突出的位置。哈尼族诗歌形式多样，内容博大，包罗万象，就整体而言，可分为三大类。

（1）"哈八"（古歌）。"哈八"容量恢宏，囊括了哈尼族的历史、传说、族源、人生哲理、道德情操、民族迁徙、山地农耕、历法节令、宗教信仰等。从内容来看，"哈八"又可分为史诗和风俗歌。史诗是哈尼族诗歌最古老的部分，目前已搜集整理出版的《哈尼阿培聪坡坡》（哈尼族祖先的迁徙史）、《十二奴局》（哈尼族民间史诗十二篇章）、《创世纪》《合心兄妹传人种》《窝果策尼果》等，以及正在搜集整理尚待出版的大量长诗就属于此。史诗分为创世史诗、迁徙史诗和叙事史诗，篇幅巨大，篇目众多，往往动辄几千行，甚至上万行，内容涉及哈尼族远古到现代的所有社会生产生活层面。

风俗歌被称为哈尼族"生活的百科全书"，内容宽泛，古今贯通，亦是涉及哈尼族社会生产生活的各个领域。关于事物的起源，有火的发现、年月日的来源、首领摩批工匠的产生、人类诞生，以及种籽、牲畜、庄稼的起源等；关于梯田生产的，有《四季生产歌》《十二月生产调》等；关于生活习俗和人生礼仪的，有《新房落成典礼歌》《取名歌》《婚俗歌》《送葬歌》等；关于宗

---

① 2013年6月22日，"红河哈尼梯田"经过13年的申报努力，被联合国教科文组织列入世界文化遗产名录，成为我国第一个以民族命名的世界文化遗产。

教条祭祀活动的，有《斯匹黑遮》《祭寨神规矩歌》《建寨歌》《叫魂歌》《送鬼歌》《敬山敬水歌》等。风俗歌数量繁多，不胜枚举。由于风俗歌更为直接地与梯田农业和现实生活相联系，有总结和指导生产生活的意义，因而较为系统。下面仅从习近平同志提到的《四季生产调》中的几个片断进行分析。

《一月的歌》这样道：

春来了
燕子先飞到，
宾谷鸟儿中间到，
布谷鸟儿后飞到。
燕子、宾谷、布谷鸟，
指挥生产的鸟，
世上报节令的鸟。
……

《三月的歌》这样道：

哈尼三月农忙到，
老人在家闲坐不住，
平地玩耍的娃娃睡不住。
爹妈心明算清楚，
有田人计划栽秧，
选好三夜，
挑好三天，
秧苗要换位，
大田秧苗上坎换下坎。
……

《十月的歌》这样道：

十月到来笋叶中间张开口，

十月到来棕片已剥得；
妇女记月不能乱，
男子记年不能混；
哈尼十月不是润月，
十月是哈尼的大年。
……
男人犁田在十月，
犁田不能过十月，
若是犁田过十月，
向下犁不断野慈姑根，
向上犁不死荸荠根，
犁田再多不值钱。
……①

另外，如《祭祀歌》《建寨歌》《贺新房》《出嫁歌》《送葬歌》等风俗歌，更是与随时发生的现实相联系，是现实生活的直接体现。

（2）"阿欺枯"（情歌）。"阿欺枯"蕴含着哈尼族的婚姻形态、道德情操和朴质的人生观，具有较为浓郁的民族气息和特色，情意深长，绵绵缠缠。"阿欺枯"有调式规范、词句严整的古情歌和随时代变迁即兴而作的新情歌。例如，古情歌道：

花到春天自然开，
人到青春好年华；
鲜花若是误春时，
一年没有两度春；
人生若要误年华，
青春不会再回头。
……
分不开的连理枝，

---

① 引自《哈尼族四季生产调》，云南民族出版社 1989 年版。

> 拆不散的吓莫草，
> 大火烧来不分开，
> 洪水冲来不分离。①

　　这首古情歌已有上千年的历史，尽管在从古哈尼语到现代哈尼语再到汉语的翻译过程中，失去了哈尼族诗歌古老隽永的韵律而有了现代汉语的韵味，但是古老的文化蕴涵，对青春和人生的赞叹，以及独特的爱情理解，依然清晰可见。

　　现代新情歌多为随境而生，即兴而作，例如：

> 阿哥是棵大青树，
> 根深叶茂杆儿直；
> 我要高攀不容易，
> 阿哥，我在树下躲躲凉。
> 远方来的阿哥哟，
> 翻了几重山几重海，
> 来到这里好辛苦，
> 没想到今天你又要走了。
> 没办法，
> 再见吧，
>
> 戴手表的阿哥。②

　　此类即兴创作的情歌，多如牛毛，浩若烟海，是哈尼族男女青年互吐爱情、竞赛智慧的咏叹。此中佳作会像古情歌一样随着岁月的流逝而流传。

　　（3）"阿迷车"（儿歌）。"阿迷车"虽属儿歌，但哈尼族男女老少均能歌咏吟唱。此类歌内容十分丰富，日月星辰、江河山川、一草一木均可叹咏，《月亮歌》《芭蕉花》《夸菜园》等是哀牢山区最著名的儿歌。其中《芭蕉花》

---

① 《斯匹黑遮》，云南民族出版社1990年版，第33、41页。
② 此新情歌系作者参加元阳县牛角寨乡骂哈村一次"串姑娘"活动中得来。

如此道：

芭蕉花，
层层叠，
相匹对，
紧相依。
花芯儿，
白又嫩，
一串一串，
靠着在懒睡；
蜜蜂儿，
快来采吃。
……

《夸菜园》这样道：

咱们菜园的薄荷是配螺蛳的伴儿，
咱们菜园的香柳是配泥鳅的伴儿，
咱们菜园的臭菜是配黄鳝的伴儿，
寨头小娃爱哪样？
寨头小娃爱听弹四弦。

《哈尼姑娘哪样美》这样道：

哈尼姑娘哪样美？
两条崭新的手镯美。
哈尼姑娘哪样美？
两支崭新的银耳环美。
哈尼姑娘哪样美？
三颗并排的银扣美。
哈尼姑娘哪样美？

辫子像灯心草一样美。

哈尼姑娘哪样美？

头发像公马尾巴一样美。

哈尼姑娘哪样美？

三颗银泡一排的头饰美。①

儿歌是哈尼族人最早的启蒙歌，其中含有大量的生活经验、人生道理、审美意向、道德训诫。

哈尼族儿童一般都将其烂熟于心，倒背如流，受用一生。由于梯田既是哈尼族生存的命根子，又是人们讴歌的对象、艺术的源泉，因而在大量的儿歌中都有反映。《做泥团》就是其中一例，歌曰：

小伙伴哟，

快来玩哟，

和起红泥做泥团，

做出排排大梯田，

如同弯耳挂山间。②

"阿迷车"内容恢宏，字字珠玑，所以千年流传不衰，并不断创新、补充，越见丰富多彩。

此类歌也像"阿欺枯"一样有古老的部分和发展的部分，从其内容和形式的古今发展变化中，可以窥视出哈尼族历史和诗歌艺术发展的轨迹。

2. 哈尼族诗歌的艺术特色

哀牢山区哈尼族的诗歌艺术，种类之多，内容涉及面之广，在其他少数民族中是罕见的。无论日月星辰、山川河流、飞云雨雾、一草一木、动物植被、社会生产、物质生活、人文伦理、宗教信仰，均咏叹之。尽管涉及面广，内容博大，哈尼族诗歌始终以人为中心。如前所述，实际上我们已经看到，在哈尼

----

① 杨笛：《哈尼歌谣的珍宝——儿歌》，载云南省群众艺术馆编《群众艺术研究》1984 年第 1 期，第 49 页。

② 杨笛：《哈尼歌谣的珍宝——儿歌》，载云南省群众艺术馆编《群众艺术研究》1984 年第 1 期，第 49 页。

族诗歌艺术的创造与表达中，世间万事万物已经赋予了人的生命与灵魂。诗歌中的事物都是活的、有生命的、有发展过程的。由于以人为中心，哈尼族诗歌艺术对人本身的描绘就更为详尽，对人生的咏叹其情感就更为朴质和强烈。

在哈尼族人生的重要阶段，都有诗歌进行专门的描绘和赞叹。

例如，哈尼人出生取名字时诗歌赞道：

> 小宝宝快长大，
> 就像春天里的壮秧苗；
> 明亮的太阳在你的头上照耀，
> 温暖的和风轻拂着你的头发。
> 小宝宝长大了，
> 一天能挖三摆田，
> 爬山脚不酸，
> 过河河水会绕道。①

又如，哈尼人出嫁时诗歌唱道：

> 天上的月亮圆圆的了，
> 山里的花朵红红的了；
> 长翅的鸽子要高飞了，
> 养大的女儿要出嫁了。
> 砍柴不能砍路边的树，
> 女儿不能老养在娘家；
> 水牛养大要犁田，
> 姑娘长大要出嫁。
> 兄弟姐妹同是一娘生，
> 兄弟姐妹同是手足亲，
> 兄弟继祖业，

---

① 毛佑全、李期博：《哈尼族》，民族出版社 1989 年版，第 107 页。

姐妹要出门。①

再如，哈尼人走完人生的旅程，死亡时诗歌唱道：

天上的老鹰有死的时候，

地上的豹子有死的时候，

京城的皇帝有死的时候，

村里的百姓有死的时候。

大树到了一千年，

老树枝桠垂下地，

岩石到了一万年，

顽石也会炸裂开，

人生到了一百年，

活着的人不多了。

……

留下儿孙的老人呀，

你一生劳作在田地里，

你把人生的爱与情，

埋进深情的土地里。

肥沃的黄土地，

不想让你离开呀，

你却离开了；

你开挖的梯田，

不想和你分别呀，

你却离去了。②

哈尼族诗歌艺术有着极其鲜明的特色，至少有三个方面十分突出。

第一，写实主义。在哈尼族诗歌中有大量的史诗。这些史诗是以一段历史

① 毛佑全、李期博：《哈尼族》，民族出版社1989年版，第96页。
② 毛佑全、李期博：《哈尼族》，民族出版社1989年版，第135～136页。

或一个历史事件作为内容加以如实叙述，有着完整的情节，可以说是诗化的历史和历史的诗化。这种史诗具有较高的史料价值。

第二，善用比喻。如诗歌中的"秧姑娘""田伙子"等梯田拟人化比喻可以在哈尼族各类诗歌中大量发现，其生动性令人惊叹。如在哈尼族史诗《哈尼阿培聪坡坡》中，当描述到哈尼族与外族作战到了生死存亡、灭族灭种之际，诗歌这样诵道：

> 瞧啊，亲亲的姐妹，
> 大刀长矛像蚂蚱乱跳，
> 快箭飞标像蜂子遮天！
> 人叫出了老虎的声音，
> 马吐出了老象的气喘，
> 谷哈密查（地名）抖起来了，
> 好像一个打摆子的人！①

又如，哈尼族与朋友告别时所颂的是：

> 天和地离得虽远，
> 雨丝把它们紧相连；
> 山和山离得虽远，
> 云海将它们连成一片；
> 你和我隔着千山万水，
> 一想你你就在眼前。②

如此这般的比喻，十分贴切，甚而入骨三分。

第三，感情真挚。哈尼族诗歌只有炽热的情感、滚烫的语言，没有华丽的辞章和矫揉造作。

哈尼族诗歌表达是诵唱式的，可称说唱文学。唱颂"哈八"时，歌者老

---

① 《哈尼阿培聪坡坡》，云南民族出版社 1986 年版，第 149 页。
② 这首诗歌是哀牢山区著名歌手杨匹斗与我告别时诵出的，其情感深沉，声调苍凉，比喻超越古人。

泪纵横，句句真实，如诉如泣；唱颂"阿欺枯"时，句句穿心，情真意切，令人陶醉；唱颂"阿迷车"时，字字珠玑，乐观放达，摈弃了一切悲悯，使人感到生活是美好的。总之，真情的哈尼族诗歌艺术，坦然地歌吟着、表达着朴实的生活和哈尼族梯田泥土般的生命本质。

（二）舞蹈艺术

哈尼族舞蹈内容丰富，形式繁多，归其大者，可分为祭祀性舞蹈、劳动性舞蹈和生活娱乐性舞蹈。

祭祀性舞蹈是哈尼族迎神、驱鬼、祝祷丰收、乞求人畜平安等宗教祭祀活动中出演的舞蹈，是宗教祭祀活动的重要组成部分。该类舞蹈主要有金钱棍舞、刀舞、狮子舞、流星舞、"阿来撮"舞等。哈尼族信仰万物有灵，崇拜多神，认为所有神灵都是人畜、家园和梯田的保护神，而所有邪祟厉鬼都是破坏安宁幸福的力量。因此，哈尼族舞蹈具有娱乐神灵和驱除鬼怪的性质和功能，一直葆有浓烈的原始气息。

例如，"阿来撮"舞。"阿来撮"是哈尼族丧葬活动中的舞蹈，意为给死者跳舞。哈尼族丧葬活动是一种人生礼仪活动，同时亦是一次对祖先的激烈崇拜和对祖先表达亲情及敬仰之情的活动。在这一活动中，"阿来撮"舞具有娱乐祖先的性质，古老而原始。舞蹈时，先由老人们领舞，众人跟随其后，排成长龙或围成圆圈，舞步简单，实为跳走，双手上下摆动；有铓锣一下一下敲响以伴舞步。其内容之单调，题材之单一，形式之刻板，变化之缺少，使人如临古代的原始舞蹈场面。舞蹈者感情之专注，全身心投入其中所表现出来的如痴如醉的神情，令人十分震撼和感动。

又如，木雀舞。木雀舞是祝贺新生和祝祷死者的舞，亦为祭祀神灵保佑生存的舞蹈。木雀舞十分古老，流传广泛，哀牢山哈尼族的村村寨寨都有这个舞蹈。但这个舞蹈平常日子不跳，凡某家生了男孩，或某家死了老人则跳。关于木雀舞，在哀牢山有许多传说。其中一则传说这样叙述，古时候，一个哈尼族小孩生癞疮，百医无效，生命垂危。这时，一只小雀从窗户飞入，将口水滴在孩子的病痛处，瞬时，癞疮消除，生命得救。于是人们将此雀视为神灵，在出生和祭祀时行舞，以示祝祷。另一传说则是，远古之时，哈尼山爆发了一场战争。一个孩子看到他的阿姨被人杀死，埋葬后，他一直在坟上痛哭，这时一只雀飞来落在坟上，随着哭声而舞蹈。敌方来杀孩子的人看到此情此景，深为感动。从此，哈尼人家死了老人，人们便在他家门前跳木雀舞。木雀舞，以舞者持一木头雕刻成的雀而得名。一般是四人或六人共舞，手持木雀，脚随鼓点，舞姿似小鸟飞翔，似山雀跃动，古朴而优美。

劳动性的舞蹈是哈尼族舞蹈中最写实的部分，直接与梯田农业相联系。该类舞蹈随时可跳，凡有闲暇，心情愉快时，即行起舞，分栽秧舞、采荞子舞、捉泥鳅舞、翻身舞、竹筒舞等。劳动性舞蹈由于直接来源于生产劳动，模仿生产劳动，因而较为朴实和写真，浓于生活气氛而淡于艺术气息。例如，栽秧舞直接是梯田农业栽秧场面的再现，舞者多寡不限，全为女性，在观众掌声的伴奏下，嘻嘻哈哈，时而排成一排，时而分散开来，卷袖弯腰，做着各种栽秧的动作。捉泥鳅舞有着较为欢乐和调皮的气氛。舞者亦多为年轻女性，腰挂小篾兜，跳跃腾越，其摇晃的身姿犹如走在狭窄泥滑的田埂；一惊一乍，仿佛看见泥鳅在田中跳跃；动作敏捷，捉鳅入兜，同时表现出极大喜悦。该舞蹈生动活泼，模仿逼真，舞者与观者同乐，引人喜欢，因而流传广泛。

劳动性舞蹈直接与日常生产生活相联系，模仿生活，直截了当，简单易行，人皆能跳，具有广泛的群众基础，亦是哈尼族舞蹈的主要表现形式之一。

生活娱乐性舞蹈具有自娱自乐和娱乐大众的性质，最具普遍性和群众性，是哈尼族舞蹈艺术中的突出部分。这类舞蹈所表现的就是"欢乐"，深刻地体现出哈尼族梯田"金蛇狂舞"和田水"婉转流泄"般的气氛与节奏。该类舞蹈有乐作舞、白鹇舞、扇子舞、三弦舞等。

其中乐作舞最为普遍，哈尼山男女老少皆能熟练为之。"乐作"意为大家跳舞，是哈尼族最古老、最著名，流行时间最长，流传地域最广的舞蹈。每当闲暇时节和节庆年关，村中的空场就是"乐作"的天然舞台。乐作舞开始时，仅是几对青年对跳，越跳人越多，圈子越来越大，最后往往全体到场者都参与进来，十分壮观。乐作舞主要为对跳，男女对跳最为相宜。这种对跳由于陷于集体舞中，因而对跳对象在舞圈中频繁轮换，这使人想起西方的宫廷舞蹈，只不过哈尼族乐作舞更加粗犷奔放而已。乐作舞动作变化多端，但基本动作严格单一，即拍手扭腰转身按节拍提腿抬足。因而学会乐作舞十分容易，但要熟练狂放，跳出自己的风格，表现出自己的气质则很难。真正优秀的乐作舞者，其姿态行云流水，给人以与长天和群山共舞的感觉，真正体现出梯田堤埂飞动的线条与节奏。

哈尼族的生活娱乐性舞蹈足具山野气息，同时足具强烈的艺术感染力，是哈尼族舞蹈艺术的珍品。

哈尼族舞蹈艺术的特色，因其不同的类型而有不同。祭祀性舞蹈有较浓的历史韵味，沿袭并保持古老的传统，是哈尼族舞蹈较原始的形态。其动作简单，节奏缓慢，古朴凝重，感染力强。劳动性舞蹈直接来于梯田农业生产，模仿生活，再现生活，生动逼真，朴实无华。生活娱乐性舞蹈则有表现民族生活及个体生命的艺术特色，是哈尼族生命情调的自然流露。从内容看，它源于生活；从形式看，它高于生活，因而具有较强烈的艺术感染力度。

（三）装饰艺术

哈尼族的装饰艺术主要体现在服装上。哀牢山地域广阔，哈尼族支系繁多，服装千差万别，有长衣、中衣、短衣，有长裤、中裤、短裤，有长裙、中裙、短裙。但是，尽管各地服装多样复杂，其装饰则具有共同性。梯形图案是哀牢山各地哈尼族服装的基本装饰图案，是哈尼族对山地生活和梯田农业的艺术体现。

哈尼族女性无论年岁大小都戴帽子。帽子分为三类，即帽子、头帕和包头。各类帽子又可分为许多种。其装饰特点是，从帽檐往上进行圆形装饰，主要使用彩色丝线、花边、银币、银泡、串珠、绣球等，像梯田田埂般有层次、有规律地一圈一圈往上装饰。哈尼族碧约人的帽子很有特色，是用青布缝制，呈六角形，顺着帽檐用大银泡钉成多块三角形，距离相隔，形成上下交错的形状。红河、元阳一带的部分哈尼族戴一种"公鸡帽"，这种帽子因其形似公鸡的鸡冠而得名。"公鸡帽"周身饰有银泡，犹如繁星，闪烁夺目。细看，那银泡从下往上装饰，一层一层，重重叠叠，使人不由想起那形如天梯的层层梯田。

哈尼族服装，特别是妇女的服装的所有边沿，如领口、袖口、衣襟边、裙边、裤脚边等都要进行装饰。所采用的材料和方式主要是贴布、绣花、钉花边等。这种装饰，各哈尼族支系自有特点，如自称哈尼、碧约、俄奴、糯比的哈尼族重视的是袖口和围脖的装饰。他们的袖子多用贴布装饰，十分讲究布料色彩的搭配，做工也很精细，呈现立体感觉。围脖一般都钉上一排排的银泡，并用金纸丝线镶边，形成梯形。绿春一带的哈尼族切底人更是将红、绿、黑、白、蓝等布料拼接成袖子，形成显著的梯形。自称罗美、腊咪、果觉的哈尼族，由于大多穿斜襟无领上衣，有的还外加一件对襟坎肩，因而对襟边、胸部进行着意的装饰。斜襟的襟边多为长排的花边，排排相靠，形成梯形，有的则在前襟上装饰大排大排的银泡，重重叠叠之感十分突出。坎肩的装饰讲究华贵，一般使用串珠、彩线、银泡、银链、银币、银牌等，但必须与内穿的上衣形成整体。居住在红河县浪堤、羊街、车古一带的自称叶车的哈尼族，服装装饰十分简朴，几乎不用花边、贴布、绣花、银泡等，其装饰讲究的是衣服本身，亦是在边沿上下工夫。正如我们知道的那样，叶车妇女穿短裤，粗略看来，讲求的是显露妇女健美的大腿而不讲求花边、银饰等的装饰效果。其实，叶车妇女的短裤前面的裤边都往上打了七八道用线固定死的褶子，使前面裤边向上跷起，梯形图案十分醒目。另外则是叶车妇女的多层衣，其件与件之间在其边沿部分所构成的梯形图案，同样表现出了哈尼族的独特审美和叶车人的独特装饰艺术形式。这种形式和哀牢山区其他哈尼族支系的装饰艺术形式一样，所体现的正是梯田所呈现于大地长天之间和崇山峻岭之中的线条美。

哈尼族的装饰艺术具有朴实的写实风格，在其住宅建筑的房顶，在各种竹编器物的表面，以及在哈尼族青年出门所背的挎包上，这种写实的梯形图案和线条随处可见。

除了上述所举，哈尼族的音乐也是世所罕见的，其中多声部合唱的《栽秧歌》一被发现就引起社会的极大关注，现在正在申报世界文化遗产。

对自然和梯田的崇拜与热爱，赋予了哈尼族独特的创造激情和表现方式，形成了哈尼族生命的艺术和艺术的生命。于是哈尼族的艺术是活生生的，有着历史的沿袭，有着现实的人生，有着生活情调的飞扬，有着民族命运的交响。因而在哈尼族的诗歌艺术、舞蹈艺术、装饰艺术以及音乐、建筑等艺术中有着一条生命的轨迹，那就是仿古的（实为承袭古代的）、再现的（模仿现实的）和表现的（生命情调的自然流露）。每一种艺术的仿古，都是历史遗痕的存在，具有文化传承的意义；而再现的，是真实模仿现实生产生活，具有教育和娱乐双重意义（功能）；表现的，则充满个性，具有不断创新的生命意义。

二、哈尼族梯田文艺面临的危机

哈尼族的审美及美学观是在创造梯田这个大地艺术的过程中孕育和发展的，其艺术的创造冲动、活力和热情来自于梯田农业，其艺术的特色也是梯田农业文化特色所决定的。

哈尼族梯田文艺是哈尼族梯田文化的情感及精神部分，因而它是民族之魂。在长期的历史发展过程中，特别是在定居哀牢山区的上千年创造和维护梯田农业的岁月中，哈尼族的文化艺术一直在创造、传承和发扬，留下了丰厚的遗产，成为"红河哈尼梯田"世界文化遗产的重要组成部分。

其实，哈尼族文化传承和艺术创作一直面临着危机，其中最深重的危机就是文化价值的严重扭曲、劳动价值的严重贬低所造成的文化传承后继无人。

（一）文化价值的扭曲

在外来文化的影响下，长期以来一些人认为少数民族文化是落后的，文学艺术更是原始的、粗陋的，甚至根本称不上文学艺术。到了20世纪"文化大革命"时期，民族文化及文学艺术更是被视为"封建迷信"而予以扫除。哈尼族的文艺创作者歌手、文化传承人摩批（哈尼族智者，文化阶层）被当作"封建迷信的代言人"遭到无情的打压，被批斗、关押。对民族文化的否定和对文化文艺人才的迫害，在哈尼族人特别是年青一代的心里蒙上了厚实的阴影，使他们对自己的文化及艺术产生了极度的怀疑。到了20世纪80年代改革开放，山门进一步洞开，外面的世界真精彩，各种文化、各种艺术，流行歌、现代舞、时尚音乐，乃至各式各样的文化价值观纷至沓来，年青一代仿佛久旱逢甘霖，获得了新的精神生命，朝气蓬勃，但与此同时，哈尼族存在、传承并发扬了成千上万年的文化和艺术却被遗弃，几乎没有人关心和认真从事哈尼族传统文化和文学艺术的传承和发扬了。人是文化艺术传承和发扬的主体，缺失了对文化艺术的信仰、热情和智慧的投入，其结果就是文化及文艺传承后继无人，面临断绝。

（二）劳动价值的贬低

从20世纪80年代始，随着地域开放和外来文化的影响，哈尼族特别是年青一代哈尼族的劳动价值观发生了巨大变化。内地和边疆的差别、城市和乡村的差别、农业和非农业的差别，特别是内含其中的劳动价值的差别，改变了哈尼族年青一代的世界观、人生观，乃至审美观的走向，引发了青壮年劳力的大量外出打工。用哈尼族青年的话说："全家干梯田一年的收入，还不如我在城里打工两个月的收入。"畸形的巨大的劳动价值差别，使哈尼族梯田劳动的价值处于极端不平等的低位。哈尼梯田劳动价值的极度贬低，其结果是造成了哈尼族中年青一代背井离乡到城市打工。据调查，哀牢山区红河县农村95%以上的中青年在外打工，有的村寨几乎全部年轻人都在外打工，很多村寨只剩下老人和小孩，失去了往日的生机活力，显得冷火熰烟。劳动力缺失，使哈尼族审美内涵中缺失了历史、科学、文化，也缺失了热情和智慧的投入。大量中青年人口外流造成了哈尼族社会的两大危机：一是梯田农业后继无人；二是文化传承后继无人。

57

文艺价值的否定，使人们失去了传承和创作的热情；劳动价值的贬低，造成劳动人口的流失，文艺传承和创作后继无人。其深重的危机就是文化传承的断绝和文艺创作的萎缩，这是哈尼族精神上的深重危机。

三、哈尼族梯田文艺的现代修复与可持续发展

通过长期的民族学田野调查和对哈尼族梯田文艺面临危机的分析研究，我认为，要使哈尼族梯田文艺得到恢复和发展，必须从转变文化保护与发展理念、激活文化传承及文艺创造力两个方面入手。

（一）转变文化保护与发展理念

1. 变"抢救性"保护为肯定性保护

哈尼族文化及文艺的危机，其实早就引起了政府及各方面有识之士的重视，抢救和保护哈尼族文化的呼声至为高涨。自20世纪80年代文化人士就开始搜集整理哈尼族的传统文化，这一工作一直持续。2009年红河州拨款1 000万元用于搜集整理出版《哈尼族口传文化译注全集》100卷，这是一项巨大的工程；20世纪90年代政府开始对哈尼族文化传承人进行命名（著名的歌手、舞者、音乐人等），并对哈尼族非物质文化遗产进行认定（《四季生产调》《哈尼族多声部》《哈尼哈巴》《哈尼族棕扇舞》等），同时在部分地方建立民族文化传习所。这些具有民族文化抢救性的措施，对民族文化文艺的保护有重要意义。

然而，对于哈尼族文化以及所有的民族文化，人们总把它看成正在消亡的文化，所以一直强调的是"抢救"，是抢救性的保护。因此，在实施抢救性保护时，其措施大多是居高临下的，所采取的多是所谓"现代的""科学的""西方先进的"理论与方法，而忽视了民族文化内在的生命力和自我保护的经验。

其实，哈尼族文化以及众多民族文化由于历史和现实的种种原因正遭遇着文化自信心的丧失和文化传承的断绝，这远比民族文化"正在消亡"严重得多，这是民族精神的抽空，文化和创作的极度压抑。它需要的是文化的承认、肯定，文化自信的恢复。

因此，我们必须变"抢救性"保护为肯定性保护，激活文化文艺的可持续发展。

2000年红河州开始申报"红河哈尼梯田"世界遗产，这一行动本身就是

变抢救性保护为肯定性保护。申报遗产是文化自信的表现，是对民族自身文化的肯定。这一行动有力地推动了哈尼族文化的保护和弘扬。2013 年 6 月 22 日，"红河哈尼梯田"被联合国教科文组织列入世界遗产名录，成为世界遗产。

红河哈尼梯田成为世界遗产对哈尼族来说有着无与伦比的意义，一是哈尼族文化及文化的价值得到了世界性的肯定，使哈尼族文化重新回归哈尼族；文化自信心的重新获得，将使哈尼族文化的传承和文艺的创造性热情和冲动在人们的心中复苏；二是哈尼族梯田的劳动价值得到逐步肯定，如农业产品（如红米、梯田鱼）的价值提升、旅游经济价值的飙升等。随着梯田经济效益的体现，人们的经济收入得到提高，一旦其收入达到和超过到外地打工的收入时，外出的人口也将回归，梯田农业后继无人和文化传承后继无人的问题将得到解决。这就是肯定性文化保护的积极效益。

2. 将梯田文艺转向文化产业

"红河哈尼梯田"成为世界文化遗产，正是哈尼族文化及梯田文艺转向文化产业的发展契机。

"世界文化遗产"的文化肯定，使哈尼族文艺开始恢复其活力，仿佛获得了新生命。过去，哈尼族的诗歌、舞蹈和歌唱都是自发地在逢年过节、婚丧嫁娶的场合表演；如今，哈尼族村寨歌舞队突然如雨后春笋般出现，到 2016 年 3 月止，仅元阳县就有乡村文艺队 352 个。哈尼族诗歌（哈巴、阿欺枯、阿迷车）、舞蹈（乐作舞、棕扇舞、铓鼓舞等）、音乐（多声部合唱）等艺术形式，不仅在梯田旅游的景点演出，还大量出现在各种媒体上。例如，2016 年 3 月 15 日，"第二届红河哈尼梯田世界文化遗产摄影双年展"在元阳县举行，开幕式上元阳县沙拉托乡文艺队和元阳洞浦村"哈尼哈巴"演唱队到场演出。沙拉托文艺队有 40 人，其中老年人唱"哈巴"，中年人唱"多声部"民歌，青少年跳乐作舞。节目有《敬酒歌》《晒谷场上》《碗舞》《撮泥鳅》《栽秧舞》《棕扇舞》《茶叶舞》等，都是哈尼族的传统舞蹈和歌曲。而洞浦村老歌手朱小和的一曲《哈尼阿培聪坡坡》引起全场轰动。这就是"传统的发明"①。曾几何时，哈尼族的传统文艺被外来艺术家视为珍宝，在《哈尼哈巴》（古歌）的基础上创作出的歌曲《阿波毛主席》，使《哈尼哈巴》的曲调传遍大江南北。

---

① 〔英〕霍布斯鲍姆：《传统的发明》，顾杭、庞冠群译，译林出版社 2004 年版。

2015 年 8 月 29 日，云南省首部民族舞剧《诺玛阿美》在红河大剧院上演，这部舞剧实际上是将哈尼族史诗《哈尼阿培聪坡坡》搬上了舞台，展示了哈尼族传统舞蹈艺术无与伦比的美。令人大为惊讶和振奋的是，2015 年 5 月 1 日，哈尼族原汁原味的传统艺术《哈尼哈巴》《哈尼多声部：劳动生产歌》《乐作舞》《棕扇舞》登上了意大利米兰世界博览会的国际大舞台。这是原生态民族艺术的现代闪光，这是哈尼族传统文化和文艺的魅力。

梯田文艺的产业化转变，是梯田文艺乃至梯田文化发展的新方向。

（二）发现传统：激活文化传承及文艺创造力

我们在前面对哈尼族梯田文艺面临危机的分析中指出，梯田文艺深重的危机是文化传承的断绝和文艺创作的萎缩。

因此，在我们转变文化保护和发展理念的时候，在大量运用现代保护理念、现代保护手段的今天，我们应当努力地发现传统，发现哈尼族数千年来行之有效而曾经被否定放弃的文化文艺传承和保护方式，以服务于今天和明天。

1. 发现传统：梯田文艺传承方式

历史上，哈尼族文艺传承方式主要有两种，即示范身教和口耳相传。这两种传承方式又分别置入社会性和专门性两个层面。

（1）社会性示范身教、口耳相传。

哈尼族人自小就生活在浓浓的农耕文明、梯田文化和梯田文艺的氛围中，从某种意义上说，生活就是艺术，或说生活就是艺术的源泉。

梯田文艺的社会性示范身教和口耳相传，往往在哈尼族重要的节日、集会和宗教活动中进行。哈尼族的节庆集会、宗教祭祀活动十分频繁，几乎月月有节、季季有庆，这就为哈尼族农耕文化和文艺的传承提供了较多的机会和社会性口传文化场所。

哈尼族的节日、集会、宗教祭祀既是重要的社会活动，又是重要的文化传承活动。像《哈尼族四季生产调》这种千百年农耕经验积累而成的口传文学"教材"，其内容含量是极大的。它包括了哈尼族的物候学、历法、农时节令、农耕技艺、农业祭祀、节日程序等丰富的农耕文化内容。这种长期传唱，家喻户晓，形成固定调式、固定篇章，通俗顺口，易于记诵，又易于传播的"教材"，对哈尼族农耕文化和文艺的传承起到了极其重要的作用。一代又一代的社会性示范身教、口耳相传，模仿演绎使哈尼族的装饰艺术、舞蹈艺术、建筑艺术、歌唱艺术、诗歌艺术等代代相传并不断创新发展。

（2）专门性示范身教、口耳相传。

专门性示范身教、口耳相传是在家庭中进行的，有两种：一是家庭中的火塘教育；二是摩批（智者、歌手）的师徒传袭。

我们知道，火塘是哈尼族家的中心，家的象征。火塘是哈尼族御寒取暖、饮食炊爨、家人团聚之处，又是口传文化的重要场所。每当晚饭结束、夜深人静时，哈尼族老人们便打开话匣子，向围坐火塘的年青一代总结白天在农田的生产经验，讲述历史传说、故事谚语，常常会吟诵一段"哈巴"（古歌），甚至即兴跳上一曲乐作舞。哈尼族人承认，他们的许多梯田农耕文化和文学艺术才能是在火塘边由上一辈人传授而获得的。可以说，火塘是哈尼族的家庭学堂。

另一学堂则是在摩批家中进行的师徒传承，在哈尼族梯田文艺的传承中具有极为重要的意义。

在长期的示范身教和口耳相传的文化传承过程中，哈尼族社会中形成了一个摩批文化阶层。这一阶层的主要社会职能就是专门进行文化的传承。他们是哈尼族社会中的知识分子，是哈尼族文化的专门性传承人。在一切重要的场合，摩批都以文化权威的身份，郑重其事地以说唱的形式讲述哈尼族发展的历史、民族风习传统、农业耕作知识、民族文学艺术及各种规矩。然而，这只是一般性的传播知识。摩批真正把所掌握的文化知识和艺术才能传授给的是自己的徒弟。摩批的徒弟，来源于哈尼族社会。元阳县麻栗寨的大摩批朱天云就收了徒弟30人。在哈尼族寨子，几乎都有摩批，他们都收有徒弟。仅元阳县，哈尼族大小摩批（师傅和徒弟）就有2000余人。他们自小学习哈尼族传统文化文艺知识，接受师傅的教导。从哈尼族社会总体上看，摩批是一个文化阶层；从具体看，各地摩批师徒间的关系形成一个个传统的组织（可视为学校），有着一套师徒继替、地位传授的制度。每一组织中有若干小摩批（徒弟），统属于一个大摩批。这个大摩批是在上一代大摩批生前经过严格考试选定的继承人。然而，要真正学成摩批、被授予摩批称号，几乎要耗尽毕生精力。

摩批是哈尼族文化的直接传承人，是哈尼族社会的大艺术家；摩批阶层是哈尼族的知识阶层。这一阶层对哈尼族文化的传承有着重要的意义。也就是说，在哈尼族社会化口耳相传的文化传承中，有一个特殊的摩批文化阶层专门负责文化的保存和代代相传。对这个知识阶层的文化传承作用的肯定、保护，对于梯田文艺的传承、发展极为重要。

哈尼族梯田文艺有着千年的传承。只有恢复其传承方式，哈尼族文学艺术才能复活和发展。

2. 发现传统：以梯田为巨大参照物的文艺创作

哈尼族梯田有着雄伟壮美的形态，它是一种象征，象征着哈尼族的精神气韵，而它丰厚的内涵则犹如喷涌的源泉，培育着哈尼族的生命情调，滋润着哈尼族的艺术创造活动。千百年来，哈尼族文学艺术都是以梯田为巨大参照而创造出来的。现仍以诗歌艺术、舞蹈艺术、装饰艺术为例，以观全豹。

（1）哈尼族的诗歌艺术，特别是传统的哈尼族诗歌，种类繁多，蔚为壮观，无不以梯田精神与形象为参照物。

哈尼梯田体现着一种韵律，这是一种生生不息、循环不已的生命韵律。农业生态与自然生态的组合，形成了哈尼族独特的梯田农业水利系统。这种水利系统的独特性在于，水源取自高山森林，顺着大沟流入层层梯田，再流入谷底江河，又蒸发升空变为蒙蒙雾雨，集汇于高山森林，再顺大沟而下……如此循环往返所体现出的正是生命的生生不息。随着季节的更迭，哈尼族梯田表现出的亦是生命的韵律。春季，万物复苏，生命萌动，绿色上了梯田；夏季，群山烂漫，稻谷疯长，一派郁郁葱葱；秋季，天高云淡，丰收在望，梯田金光闪闪；冬季，万物凋零，梯田泡水，群山仿佛睡去。梯田好像就是"人生一世，草木一秋"的真实写照和突出象征物。随着冬去春来，这种循环不已的生命律动又反复出现。

对于人生的赞叹是哈尼族诗歌艺术始终贯穿着的主题，而对于人生的直接歌咏，始终与梯田血肉相连。在哈尼族诗歌中，对人的咏唱总以梯田作喻。例如，"梯田是伙子的脸"，"梯田是哈尼的命根"，"弯弯的田埂是姑娘的裙边"，"梯田流水如姑娘爽朗的笑声"，等等。同时，哈尼族诗歌对梯田及梯田农业的赞叹和描绘总是采取拟人化的手法。例如，哈尼族把秧田比作爹妈，把谷种比作婴儿（也有比作谷娘），把秧苗比作姑娘，把梯田比作小伙子。这正是以梯田为参照创作出来的艺术形象。

梯田农业的拟人化，以及将梯田形象比喻为人，使哈尼族诗歌艺术血肉丰满，同时表达出哈尼族人生与梯田农业的关系，表达出以人生为中心的哈尼族诗歌艺术离不开梯田，它是植根于梯田农业之中的。

（2）哈尼族的舞蹈艺术，更是以梯田生动的形态为参照。

哀牢山区哈尼族梯田呈现出来的是节奏。那漫天飞舞的梯田线条，那四季变化的色彩，那层层相间犹如天梯的形象，那从山顶到山脚千回百转的水流，无不呈现着令人激动的活泼的生命节奏。哈尼族的舞蹈就孕育诞生于这种生命节奏中，表现的正是梯田飞动的线条和韵律所体现出来的哈尼族生命的节奏。这种节奏是一种豁达乐观、生生不息、狂放与自强的精神力量。

（3）哈尼族的装饰艺术，特别是传统的服装装饰艺术，就是以梯田形象为参照，模仿、演绎、表现梯田的内在精神和外在形象的。

哈尼族梯田呈现出来的最显著的视觉特征是线条。哀牢山是一条巨大的山脉，哈尼族所居之红河南岸是哀牢山南部末端，这里山势稍缓，群山扭结，大小山峦拥挤，江河深壑纵横，地势变化极其复杂。哈尼族梯田均依地势营造，平滑陡峭的山岭，所建梯田整齐均匀，犹如刀切；圆形小山则被梯田团团包裹，神似一个个螺蛳。地势复杂，梯田也复杂。整体观之，那千形万状，大者数亩之广，小者形如澡盆的梯田随山起伏，铺天盖地。细致观之，呈长条环状的水田绕山而行，从山脚到山顶，埂回堤转，重重叠叠，犹如天梯；而游动交错的沟渠和田埂交织，仿佛万千银蛇飞舞大地，缠绕着重重大山。这是一种雕塑在大地长天之间、崇山峻岭之中的线条狂奔之壮美，它深深地震撼着来此观光的外地人，也深深地震撼着它的创造者哈尼族，并深刻地影响着哈尼族的其他艺术门类，特别是其装饰艺术。从哈尼族的服装装饰上，我们可以看到这种艺术精神的卓越表现。

当然，自古以来，哈尼族的所有文学艺术都是以梯田形象为巨大参照，以梯田生活为源泉而创造出来的。就是今天，年青一代的哈尼族文学艺术家存文学、黄燕、艾扎、艾吉、诺含、哥布等的创作仍是以梯田为参照，这就是生活的延续，传统的延续。

发现传统、利用传统、发展传统，这是我们扎根心底的发展理念，也是哈尼族梯田文艺的现代修复和可持续发展的不可动摇的基础发展理念。

四、结　语

梯田文艺是发生于哈尼族千百年所创造的梯田、梯田农业、梯田生活、梯田文化中的"大地艺术"。众多的艺术门类，纷繁的艺术形式，无不显示着哈尼族的创作能力和精神面貌，而这一切又深深扎根于哈尼族的传统和文化土壤中。

63

"红河哈尼梯田"成为世界遗产后，已经被置于世界大舞台上，哈尼族文艺也必然走上世界舞台。

在这样的现实和未来的展望中，面对梯田文艺的危机，我们应当转变民族文化保护和发展理念，变抢救性保护为肯定性保护，变传统梯田文艺为梯田文化产业；同时发现传统，链接和激活富于生命力的传统文化传承和保护方式，奠定梯田文艺的可持续发展基础。用文化肯定激活文化自信，用现代理念点燃民族传统，策动民族文化自身的生命力量，促进梯田文艺的可持续发展。我坚信哈尼族文化及艺术将在新的生命形态中薪火相传，重获青春魅力而发扬光大。

（王清华：云南省社会科学院民族研究所原所长、研究员）

红河哈尼梯田世界遗产旅游与农民增收

角媛梅

一、世界遗产旅游开发与保护的对立统一关系

1972 年 11 月 16 日，UNESCO（联合国教科文组织）第 17 届大会在巴黎通过《保护世界文化和自然遗产公约》（*Convention Concerning the Protection of the World Cultural and Natural Heritage*）（下文有时简称《世界遗产公约》）。1976 年 11 月世界遗产委员会成立，由 21 名成员组成，负责实施公约。世界遗产中心即"公约执行秘书处"。该中心协助缔约国具体执行《保护世界文化和自然遗产公约》，对世界遗产委员会提出建议，执行世界遗产委员会的决定。委员会每年召开一次会议，主要决定哪些遗产可录入《世界遗产名录》，并对已列入名录的世界遗产的保护工作进行监督指导。世界遗产委员会还设立了"世界遗产基金"，规定缔约国每两年定期向世界遗产基金纳款等，并同时给予列入世界遗产的地方政府一定的保护资金支持。中国于 1985 年加入《世界遗产公约》，成为缔约方。1999 年 10 月 29 日，中国当选为世界自然与文化遗产委员会成员。2007 年 10 月，中国当选为世界遗产委员会委员国。截至 2017 年 7 月 9 日，中国世界遗产已达 52 项，其中世界文化遗产 36 项（包括文化景观遗产 5 项，见表 1）、世界文化与自然双重遗产 4 项、世界自然遗产 12 项，在世界遗产名录国家里排名第二，仅次于意大利（53 项）。

表1　截至2017年中国5项文化景观遗产

中文名	英文名	列入年份	符合标准	UNESCO遗产类型	遗产范围（ha）		遗产中心地理位置	提名文件号
					遗产区范围	缓冲区范围		
庐山国家公园	Lushan National Park	1996	ii, iii, iv, vi	文化景观	—	—	N29°25′60″ E115°52′0″	778
五台山	Mount Wutai	2009	ii, iii, iv, vi	关联性文化景观	18 415	42 312	N39°1′50″ E113°33′48″	1 279
杭州西湖文化景观	West Lake Cultural Landscape of Hangzhou	2011	ii, iii, vi	三种类型都符合	3 323	7 270	N30°14′15 E120°8′27″	1 334
哈尼梯田文化景观	Cultural Landscape of Honghe Hani Rice Terrace	2013	iii, v	有机演进的景观——延续性景观	16 603	29 501	N23°5′35.8 E102°46′47.93″	1 111
左江花山岩画文化景观	Zuojiang Huashan Rock Art Cultural Landscape	2016	iii, vi	文化景观	6 621.6	12 149.01	N22°15′20″ E107°1′23″	1 508

　　《世界遗产公约》的宗旨是动员国际社会，特别是当地政府和公众把具有全球突出普遍价值的人类创造和自然造化形成的世界遗产完美地、科学地、永久地保存下去。任何一种遗产保护活动——在世界各种文化传统中——从本质而言都是一种文化交流活动。世界遗产是自然和人类文明的见证和重要组成部分，积淀着区域自然和社会发展的历史，记录着民族历史文化的结晶，保存着社区传统文化的精髓，是具有欣赏、科研、文化、体验价值的人类宝贵财富，具有教育、科研、游览、启智和创作体验等功能。但部分世界遗产正在受到自

然灾害、战争、过度开发以及工业化和城市化威胁，采取有效措施对世界遗产进行充分保护和适度利用，并实现遗产的可持续发展，成为遗产保护与利用的重中之重。为此，UNESCO 要求各缔约国"通过一项旨在使遗产在社会生活中起一定作用并把遗产保护工作纳入全面规划计划的总政策，制订出能够抵抗威胁遗产的实际方法，采取为保护、保存、展出和恢复遗产所需的适当的法律、科学、技术、行政和财政措施"等。

世界遗产地拥有高品质的自然文化资源，从而在世界各地都成为吸引力极高的旅游资源甚至是最主要的旅游目的地。然而，旅游的发展和遗产保护既相互促进，也存在着矛盾。一方面，遗产的唯一性和稀缺性是旅游发展必不可少的旅游吸引物和发展基础；另一方面，遗产保护对旅游发展的规模和方式有严格的要求。遗产保护和旅游业的关系应该是很和谐的，旅游是世界文化遗产保护与发展的多赢平台。保护是为了更好的利用，在利用中给予更好的保护，这是保护与利用的辩证统一。分区开发、永续利用是统筹世界遗产保护和旅游发展的基本原则，可以通过核心区整体保护、缓冲区梯度控制和区域的综合考虑处理世界遗产保护与旅游发展的关系。

中国的世界遗产地面临着强大的旅游发展压力和保护压力。首先是巨大的旅游人口压力。中国巨大的人口基数使得我国每一个遗产地要服务的人群远远高于其他国家，且城镇人口是旅游市场的主导力量。其次是区域旅游产业的强势发展压力。我国目前的社会经济状况使各地政府都面临巨大的解决失业问题、收入增加压力，旅游业具有进入门槛低且资源不可替代的特点，因而各地政府均将旅游业作为主要经济增长点，而世界遗产地是各地最主要的旅游吸引物，旅游潜在市场对世界遗产地的偏好高于其他类型的旅游地，因此，遗产型旅游地的旅游产业发展压力巨大。最后是世界遗产地面临严峻的保护压力。对世界遗产地进行管理和保护需要大量的资金，这些资金远不是遗产地所在的县市级地方政府所能承担的，因此，在遗产地开发旅游以获得旅游收入是对世界遗产地进行开发性保护的有效方法之一。综上所述，世界遗产地的旅游开发是遗产地保护与开发的必然选择，是政策性博弈的结果。然而，中国世界遗产地所面临的开发压力也是世界上其他国家所没有的，因而需要将保护置于首位，以保障遗产的可持续发展。

为此，UNESCO、环境规划署和世界旅游组织等召开"可持续旅游发展世界会议"，通过《可持续旅游发展宪章》和《可持续旅游发展行动计划》提出，在制定旅游发展战略的过程中，要维护遗产地的地方特色、文化与生态环境，要充分发挥旅游保护自然文化遗产的潜力，建立包括以自然和文化遗产为主题的可持续旅游发展数据库。专家们认为，要想在世界遗产旅游和管理之间达到平衡，就需要在遗产旅游资源保护与开发过程中将所有的利益相关者都考虑进去，让他们之间能够进行有效的沟通协作，提高管理计划的质量和减少利益相关者之间的冲突，以保障遗产的可持续发展。

二、哈尼梯田世界文化景观遗产旅游的利益相关者管理体系

从根本来说，只有协调好遗产地利益相关者的关系，世界遗产地旅游发展与保护才能从根本上进入良性循环。这就需要加强世界遗产地利益相关者权力、利益和关系的探讨，加强利益相关者之间利益与权力的明确表达，利益相关者之间的协作方式、协作程序，影响利益相关者参与的变量，以及利益相关者理论实施效果的实证评价等。

世界遗产地旅游开发涉及的主要利益相关者有当地居民、外来投资企业以及政府与非政府组织，因各方所处地位、执行职能和发挥作用不同可以构建三种管理机制。外部介入性机制是以政府或企业等外部主体作为规范者、协调者、营销者和引资者的角色，有效地介入旅游发展，社区居民可以广泛参与发展决策过程。内生性开发机制是以内部居民及其基层组织（村委会）作为直接利益主体实行自主运营、自主开发和保护的模式，社区居民参与旅游活动更加积极主动，形式更加多样。内外部联合开发机制即以股份制形式使社区居民以其所有的实物租赁或入股，同时吸收社会资金参与遗产地的旅游利用开发。

根据以上机制，哈尼梯田世界遗产地旅游中的利益相关者管理体制的构建需以协调各方利益，保证哈尼梯田景观维持和社区生计改善为原则，在多方共同参与的基础上，理顺各方利益、实现政府企业带动社区增权、社区居民经济水平提高及生活质量改善、传统文化得到保护、各民族和谐共处、企业健康发展、当地总体经济水平不断提高、当地生态环境不断改善、景观得以长久维持、社会福利不断增加，同时游客体验质量得以提高，实现哈尼梯田遗产地生态旅游和社会、经济、生态、文化的可持续发展。基于以上目标，哈尼梯田遗产区已构建了"政府监管、企业运营、保护第一、利益共享"的利益相关者管理体系。（见图1）

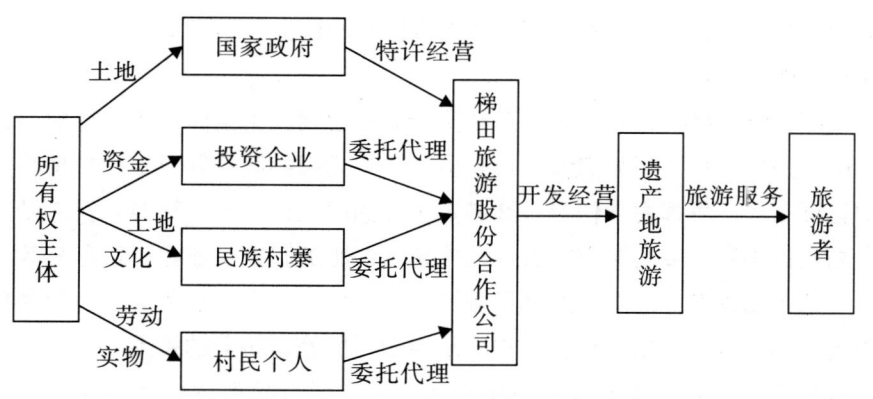

图 1　哈尼梯田世界遗产地的利益相关者及其权益管理体系

如图 1 所示，政府负责对哈尼梯田世界遗产地生态旅游发展进行统一监管，入驻企业需在政府的要求下合理运营，所有旅游项目开发建设都要以哈尼梯田世界遗产的保护为前提，旅游发展所得收益要兼顾各方利益，尤其是哈尼梯田的资源所有者——当地社区居民。

政府层面由元阳县政府组建"元阳县哈尼梯田世界遗产管理委员会"，企业层面成立"哈尼梯田旅游股份合作公司"，社区层面成立"村民旅游协会"。设在哈尼梯田内的所有单位，除各自业务受上级主管部门领导外，都必须服从哈尼梯田管理委员会对哈尼梯田的统一规划和管理，执行遗产地保护与管理的职责。企业受政府和社区的双重监督，政府、企业、社区之间必须建立沟通平台，并且在制度上保证这种对话与权力的可操作性与有效性。整体构架主要采用政府引导、社区参与的管理理念，整体上采用"自上而下"与"自下而上"相结合的方式。

在元阳县政府下设元阳县哈尼梯田世界遗产管理委员会，作为哈尼梯田生态旅游的管理主体。该委员会为县级单位，县长兼任管委会主任，设一名专职副主任（按副县级配备），相关部门和乡镇主要领导为成员。该委员会下设办公室、旅游科、遗产保护科、社区协调科、农产品发展科、科研监测科等六个部门。办公室负责日常接待和事务处理；旅游科负责可持续旅游发展监督方面的业务；遗产保护科负责与哈尼梯田世界遗产保护、环境保护、生态保护等相关方面的业务，同时负责维护哈尼梯田世界遗产地的形象及其相关宣传工作；社区协调科负责哈尼梯田世界遗产社区与政府及公司之间的利益协调，同时也包括社区发展等方面的业务；农产品发展科主要负责与哈尼梯田世界遗产地相关的农产品生产、加工、推广等方面的内容；科研监测科主要负责哈尼梯田科研管理、遗产监测。

元阳县哈尼梯田世界遗产管理委员会职能包括：①全面负责哈尼梯田的保护管理、开发利用、规划建设和日常监测。在元阳县政府领导下，主持哈尼梯田的管理工作，发挥主导作用。②制定相关的政策、法规、标准以及准则，编制规划，提供有关乡村旅游的公共设施建设的服务，提供资金、信息与政策支持，规范市场秩序。③对哈尼梯田旅游股份合作公司进行业务监督，同时负责协调哈尼梯田旅游股份合作公司与哈尼梯田村民旅游协会的关系。

运营主体为哈尼梯田旅游股份合作公司，所有权主体包括政府、投资企业、民族村寨和村民个人。政府以土地的形式入股，通过特许权经营的模式进入合作公司；投资企业须以公开、公正、透明的方式进行选择，通过投入资金委托代理的形式加入合作公司；民族村寨通过土地和文化载体入股的形式，委托代理加入合作公司；村民个人也可通过劳务和实物的形式入股，委托代理加入合作公司。合作公司代表所有权主体来进行遗产地的旅游开发和提供旅游服务，在所有权和经营权分离的过程中明确各方的权、责、利，成为红河哈尼梯田世界遗产地生态旅游跨界整合的直接实施者和经营主体，在哈尼梯田遗产区以及缓冲区所属范围内打破行政分割，统一行使"哈尼梯田"世界遗产品牌旅游资源的经营权。

哈尼梯田旅游股份合作公司承担的义务包括：在哈尼梯田保护的基础上进行相关旅游项目的开发与建设；接受哈尼梯田世界遗产管理委员会和村民旅游协会的监督；为哈尼梯田的保护项目提供相应的资金支持；积极吸纳哈尼梯田社区的劳动力进入股份公司，增加当地社区和居民的收入和生计途径。

三、哈尼梯田世界文化景观遗产社区居民的旅游影响感知与增收途径

社区居民是旅游发展所依托的社会实体，也是旅游影响的作用对象和实际感受者。居民对旅游影响的感知和态度在一定程度上反映其所受旅游影响的程度，且这种感知和态度反过来会影响旅游地的吸引力。从笔者2014年对元阳县遗产核心区19个村寨290户家庭成员代表的抽样调查结果可知，红河哈尼梯田遗产区居民对旅游影响的感知和态度主要体现在以下几方面。

（1）居民的旅游开发参与程度低、参与不均衡，旅游收入占家庭总收入的比重偏低。旅游核心村居民有更多机会融入旅游开发中，旅游业对其产生直

接经济影响，从事旅游及相关服务业获得收入的家庭为 26.43%。在旅游环线上的村寨居民充分利用临近景点和旅游环线的区位优势，通过开客栈、到景区就业、出售民族手工艺品等方式积极参与旅游开发，有 16.56% 的家庭可从中获得收入。遗产保护核心区居民参与旅游业经营较少，旅游开发主要从社会文化方面对其产生间接的影响，只有 4.55% 的家庭通过从事旅游及相关服务业获得收入。

（2）村寨居民普遍认为可从梯田、劳动力、资金、土地、民族文化等发展中获益，但村寨居民对特殊技能的感知很弱。村寨居民认为，可从"梯田"中获益的比例均高于30%。"劳动力"和"土地"也是三类村寨认可度均较高的获益条件，但村寨居民对"民族文化""资金"的感知表现出较大的差异，遗产保护核心村的"民族文化"感知强度明显高于旅游核心村和其他村寨，而其他村寨的"资金"感知明显高于旅游核心村和遗产保护核心村。这说明遗产保护核心村更看重民族文化的发展，其他村寨由于自身条件的限制，要参与旅游发展对资金的依赖度更高。从访谈中得知，各个村寨的家庭经济实力弱成为制约居民普遍参与旅游的关键性障碍，他们希望得到资金扶持和政策优惠，以参与旅游经营活动。

（3）村寨居民对景区旅游资源及管理态度的感知均值基本高于中间量，其他村寨的感知均值明显高于另外两类村寨，旅游核心村和遗产保护核心村表现出的态度趋近一致；同时，村寨居民对景区建立后所产生变化的感知强度趋势大体一致，除了居民认为经济收入没有明显提高和收入差距变大以外，对社会文化和环境的积极感知强于消极感知。

根据哈尼梯田世界遗产旅游开发与保护中的利益相关者管理体系及当地社区居民对遗产旅游的感知和态度，笔者提出遗产旅游中当地居民增收的主要途径和方式。

（一）红河哈尼梯田世界遗产＋发展战略

（1）红河哈尼梯田世界遗产由梯田、村寨、森林和水系等要素组成，各要素均有可生产用于售卖的一定数量的产品，如梯田产品包括梯田旅游观光和体验、农产品如稻、鱼、鸭蛋、泥鳅、黄鳝、芋菜、水芹菜等水生动植物。林业产品包括森林旅游观光和体验、林副产品，如中草药、香料、蘑菇等陆生动植物。而村寨不仅有重要的旅游居住和游玩设施，还有丰富多彩的民俗文化，如饮食、服饰、节日庆典等均可作为旅游产品进行开发。此外，水域资源和其他资源也可作为观光体验产品。以上产品绝大部分由农民的劳动生产提供，因此可用于增加当地农民收入。但这些产品的生产、销售和购买均应在遗产区自然生态承载力的范围之内，尤其是该区水资源、土地资源和生物多样性的承载力范围内实施，否则将导致世界遗产产品生产的不可持续性并威胁到遗产的永续保护。这些遗产区产品的开发都是基于世界遗产保护前提下的发展，因此其发展战略为"世界遗产＋战略"。

（2）红河哈尼梯田遗产区居民人口众多，仅靠土地生产的产品数量有限，能够吸纳的劳动力也比较少。为了保障遗产地居民对梯田及其他土地利用的传统维持方式，需要以居民户为单位，在家庭内实施个别家庭成员直接参与遗产旅游活动，如旅游产品销售、房屋游客接待、餐饮业服务等能够获得直接收益的工作，同时通过家庭内部、旅游企业和政府等多方的经济补偿方式来保障足够的劳动力继续以传统方式耕种和维护梯田及其他景观要素，以确保劳动力在遗产旅游中的适度转移和遗产保护中的充分供给，从而达到世界遗产保护与旅游开发协调统一的目的。这种人力资源的适度转移是基于世界遗产可持续发展基础上的，因此是"遗产＋战略"的重要组成部分。

（3）红河哈尼梯田世界遗产区居民的遗产保护与旅游发展意识及培训措施。如前所述，遗产区居民对遗产旅游的正面效应非常期待，但目前多数人却不具备从事遗产旅游及相关工作的能力、技术和经验，这主要与遗产区居民的教育文化程度普遍较低，经济发展水平不高，居民参与能力不足有关。因此，地方政府及学术机构等利益相关者应帮助居民提高旅游开发参与意识，通过参加培训、学习，提高居民自身参与旅游开发的服务技能、语言技能、文化产品开发技能、手工艺品设计技能等，并能具有一定的市场判别能力，使他们能根据市场变化做出适应性经营策略的转变，成为遗产地旅游经济体系中活跃的参与主体之一。

（二）红河哈尼梯田分布区各县梯田遗产旅游的区域差异化发展与协同战略

红河哈尼梯田分布在红河南岸哀牢山南段的广大地区，但世界遗产地的核心区和缓冲区只在元阳县的新街镇、攀枝花乡和牛角寨乡范围内。唇亡齿寒，为了保护世界遗产桂冠，也为了红河南岸哈尼梯田区的持续发展，红河哈尼梯田世界遗产的保护与旅游开发在区域上以元阳为核心，辐射红河哈尼其他梯田片区。在遗产核心区内，根据遗产地现有的资源和特点，建议将遗产区旅游环线附近的村寨建设成为具有观光、民宿接待和餐饮服务的重点地区，而在距旅游环线较远的村寨实施梯度保护措施，对村落传统风貌和传统文化保存比较好的村寨实施严格的整体保护，由各级政府和旅游扶持资金予以支持并对民居所有者居民实施政策性倾斜保护措施，对已经异化或保存状态不佳的村寨实施基本保护要求，而对遗产区内全部梯田的所有者居民均实施全面的梯田保护策略。在遗产区外的元阳县其他区域，可根据当地旅游资源条件实施与遗产核心区有差别的旅游发展战略，如在元阳县牛角寨乡实施梯田稻作文化深度体验型项目，在红河县重点建设土司和马帮文化与多声部民歌旅游，在金平县重点建设蝴蝶谷生态博物馆，在绿春县重点建设哈尼族传统饮食和服饰文化传承体验项目。除以上特色项目外，各区的梯田旅游项目都应强调区域自然生态环境的差异形成的梯田景观分异特点，同时需要整合四县的梯田产品，形成红河南岸梯田区域优势产品体系的协同发展态势，扩大哈尼梯田产品的市场份额，从而为红河哈尼梯田遗产核心区的保护提供必要的产品代偿区和广大的服务供给区，形成以梯田系列产品为纽带的区域旅游发展共同体。

（角媛梅：云南师范大学旅游与地理科学学院教授、博士生导师）

哈尼梯田地区易地扶贫搬迁的问题及其对策

杜发春

2017 年 8 月，我参加了"云南社科专家红河南部行"调研咨询活动，随调研组到了绿春县和红河县进行调研。我重点围绕哈尼梯田地区的易地扶贫搬迁问题进行调查研究。

一、易地扶贫搬迁是精准扶贫和脱贫攻坚的关键

（一）关于易地扶贫搬迁的宏观背景

云南是我国进行易地扶贫搬迁最早的省份。从 1996 年开始到 2014 年全省共易地扶贫搬迁 125.6 万人，实现了"搬得出、稳得住、能脱贫、有发展"的目标。

2016 年 8 月，全国易地扶贫搬迁现场会在贵阳召开，国务院总理李克强作出批示："易地扶贫搬迁是打赢脱贫攻坚战、提升特困地区民生福祉的重点关键"，要求落实省负总责和部门加大支持，充分调动广大干部群众的主动性和创造性，统筹有效用好宝贵的扶贫资金和资源，确保实现精准扶贫、稳定脱贫。

在这样的背景下，云南省制订了《云南省易地扶贫搬迁三年行动计划》，实施"36313"易地扶贫搬迁行动计划，即从 2016 年开始，通过 3 年努力，投入 600 亿元，基本完成 30 万户、100 万人和 3 000 个以上安置点新村建设的易地扶贫搬迁，同步推进产业培育和转移就业。再通过 2 年巩固提升，确保把搬迁新村建设成环境优美、宜居宜业的美丽乡村。截至 2015 年底，全省 16 个州（市）启动了 304 个搬迁村寨示范点建设，规划投资 61.2 亿元，惠及 2.6 万户 10 万人。

（二）绿春、红河两县易地扶贫搬迁现状

据调查，绿春和红河两县都是贫困人口多、贫困面大、贫困程度深的贫困县，2016 年绿春县贫困发生率为 25.12%，红河县为 22.24%。

表 1　绿春县贫困情况

年份	贫困乡镇（个）	贫困村（个）	建档立卡贫困人口（万）	贫困人口数占全州的比重（%）	贫困发生率（%）	全州平均贫困发生率（%）
2015 年末	6	67	6.82	11.57	31.1	16.22
2016 年末	5	57	5.51	12.05	25.12	12.58
2017 年计划	—	50	—	—	21.38	—

备注：2017 年计划 8 218 名建档立卡贫困人口净脱贫，预计贫困人数将减至 46 882 人。

资料来源：根据绿春县人民政府提供的数据整理。

表 2　红河县贫困基本情况

年份	贫困乡镇（个）	贫困村（个）	贫困户（户）	贫困人口（人）	贫困发生率（%）	退出贫困户（户）	退出贫困人口（人）	减贫率（%）	退出贫困村（人）
2015	8	71	23 766	99 542	27.43	3 960	17 171	17.25	—
2016	8	71	18 929	82 371	22.24	3 516	15 600	18.94	10
2017	8	61	15 413	66 771	—	2 845	12 322	18.45	9

资料来源：根据红河县人民政府提供的数据整理。

　　近年来，绿春县和红河县在精准扶贫方面做了大量的工作。在易地扶贫搬迁方面，"十三五"期间，红河州拟易地扶贫搬迁 7.3 万人，其中红河县原计划投入 50 亿元搬迁 6 000 户 20 000 人，调整后计划搬迁安置 12 500 人，设 27 个安置点。绿春县截至 2017 年 6 月建档立卡户搬迁人口 1 000 户 4 770 人，设 30 个安置点。

表 3　绿春县易地扶贫搬迁情况

年份	搬迁安置点（个）	建档立卡贫困人口（人）	下达贫困人口搬迁任务（人）	实际搬迁（人）	完成率（%）
2016	整改前 58	8 260	4 628	4 770	103.07
	整改后 30				

续　表

年份	搬迁安置点（个）	建档立卡贫困人口（人）	下达贫困人口搬迁任务（人）	实际搬迁（人）	完成率（%）
2017	17	—	3 093	—	—
2018	11	—	2 748	—	—

资料来源：根据绿春县人民政府提供的数据整理。

表 4　红河县易地扶贫搬迁

时间	云南省任务	红河县	整改后红河县搬迁	完成率
"十三五"期间	65 万人	12 566 人	26 个安置点	—
2016 年	国家下达云南 30 万人	5 558 人	5 643 人	101.53%
	云南省下达 40 万人	6 862 人	1 133 户	82.24%

资料来源：根据红河县人民政府提供的数据整理。

二、易地扶贫搬迁的主要做法

（一）易地扶贫搬迁的有关政策及其变化

2016 年，云南省对于贫困户以户均不低于 6 万元的建房标准补助到户，非贫困户户均则不低于 1.5 万元。此外，有贷款意愿的搬迁农户可向项目承贷公司申请 6 万元的住房建设转贷资金，并享受 100% 政府贴息补助。

但是，到了 2017 年有关政策发生了变化，即贫困户建房补助下降，由原来的户均补助 6 万元下降到 2 万元。同时住房面积标准和安置方式也有了新的政策。

（二）易地扶贫搬迁的主要做法

绿春和红河两县按照省、州有关政策，在实施易地扶贫搬迁过程中的主要做法如下。

（1）坚持统规为主，规范统规联建和自建。集中安置区在统一规划设计、统一建设基础设施和公共服务设施基础上，建档立卡贫困户人口住房实行统规统建，鼓励和引导搬迁农户全程参与工程设计、建设、监理和验收，并免费提供户型设计。

（2）在安置方式上统筹考虑水土资源条件、城镇化进程、美丽宜居乡村建设及搬迁对象意愿，坚持集中安置为主，集中安置与分散安置相结合，重点依托城镇、中心村、产业园区、乡村旅游区进行安置。若采取进城入镇分散安置，应确保不因搬迁而举债或新增负债，确保如期脱贫。以绿春县为例，2016年突出"点面融合式"易地搬迁脱贫，安置 2 500 户 8 333 人，实行"点上突破、线上攻坚、面上推进"模式，加快易地扶贫搬迁步伐。绿春县半坡乡通过小村并大村的方式，将把牛托洛河村、汉八依村、半坡寨、巴的村 4 个村民小组 90 户 391 人集中安置。2016 半坡乡贫困户人均可支配收入突破 3 500 元，实现稳定增长。371 户建档立卡贫困户通过实施易地扶贫搬迁、危房改造等工程，住房条件都达到"住房遮风避雨，房屋结构体系整体基本安全"的脱贫标准。绿春县平河镇将 39 个生存条件恶劣的贫困村组列入了实施易地扶贫搬迁项目规划，启动实施了平康新村、阿八寨、拉祜寨等 7 个易地扶贫搬迁点建设。

（3）在建设标准上要坚持"量力而行、保障基础"的原则，建档立卡搬迁人口人均住房面积不得超过 25 平方米，根据家庭实际人口，按照 50～150 平方米等户型进行设计和建设，最大户型面积不超过 150 平方米。单人单户和 2 人户安置住房可采取集中建设公寓、与养老院共建等方式解决。对建档立卡贫困户建房实行按人补助的方式，补助标准为人均补助 2 万元。对签订旧房拆除协议并按期拆除的建档立卡贫困户，人均可再获 0.6 万元的奖励。同时规定，纳入国家规划的 73 252 人建档立卡贫困人口，取消原每户可向县级平台公司申请不超过 6 万元低成本长期借款的政策。

表5　绿春县与红河县易地扶贫搬迁比较

县份	年份	搬迁安置点（个）	建档立卡贫困人（人）
绿春县	2016	整改前 58	8 260
		整改后 30	
	2017	17	—
红河县	2016	调整出 4	4 222
		保留 26	5 643
	2017	实施 6	2 777

资料来源：根据绿春县和红河县提供的数据整理。

表6 绿春县与红河县异地扶贫搬迁住房情况

住房条件	绿春县户数（户）	绿春县占计划退出贫困户（%）	红河县户数（户）	红河县占计划退出贫困户（%）
A、B 级	3 702	97.63	867	30.47
C 级危房	66	1.74	1 132	39.79
D 级危房	24	0.63	846	29.74

资料来源：根据绿春县和红河县提供的数据整理。

（三）初步成效

调查发现，绿春和红河两县在实施易地扶贫搬迁方面，总体而言推动了贫困地区人口城镇化、产业聚集和空间布局优化；提高了部分人群的经济收入，拔穷根、促脱贫；改善了迁出地生态环境等。

培育产业是解决易地扶贫搬迁后留得住能发展的牛鼻子。绿春和红河两县想方设法把产业融合发展与精准扶贫结合起来，推动产业发展与精准扶贫互促互进。比如，绿春县半坡乡以橡胶为主导的产业基础比较厚实，且实施了橡胶提质增效、生猪扶持、土蜂养殖等"短平快"致富项目。通过贫困户脱贫摘帽帮扶，已将贫困发生率降至3%以下。

以红河县为例，一是实施产业片区开发带动扶贫。根据不同海拔地域气候和特色物产资源，把全县划分为六大产业片区，因片施策，发展特色种养殖业。累计流转土地16.7万亩，其中集中连片1 000亩以上的特色种植项目有37个，做到每一个项目带动一批贫困户，同时至少有一家龙头企业作支撑。二是实施农特产品加工带动扶贫。以发展生物药业、热区林果、梯田红米和畜禽农特产品加工业，带动贫困户；加大对农特产品加工企业的招商引资力度，目前县农特产品加工园区入驻23家企业，园区产值年均增速保持在15%以上，规划到2020年园区产值达到50亿元，有12家省州级农业龙头企业与贫困户建立了订单农业合作关系。三是实施旅游开发带动扶贫。坚持差异化发展理念，利用哈尼梯田"世界文化遗产"、全球重要农业文化遗产品牌和马帮侨乡文化资源，推进以撒玛坝哈尼梯田景区和迤萨马帮侨乡古城景区为核心的旅游开发，引导贫困户主动融入旅游产业发展，巩固发展了乡村客栈、农家乐餐饮、手工艺品开发合作社等97个，带动旅游环线贫困人口2万余人脱贫致富。红河谷热区通过热区产业的集中开发和村内公共基础设施项目的大力投入，带动农户 5 031 户，其中 2016 年脱贫出列 1 509 户 5 087 人，剩余建档立卡户 224 户（多数属于兜底户），贫困人口 1 596 人，贫困发生率降到 2.55%，基本实现红河谷热区总体脱贫。

三、易地扶贫搬迁存在的问题及其对策

调查中部分干部和群众反映，易地扶贫搬迁在两县实施过程中主要存在以下问题。

（1）由于群众自身经济条件薄弱，导致搬迁困难。由于项目启动历时较长，在搬迁过程中可能出现一些不可抗力的因素，导致原计划搬迁的农户不愿意搬，本无计划搬迁的农户又想列入搬迁等变动问题。易地扶贫搬迁工程往往与安居工程资金结合使用。由于对建档立卡户和非建档立卡户贫困户安居房补助标准不一致，相似的贫困程度、不同的补助标准，导致农民群众对国家的惠民政策产生了误解和怀疑。搬迁户补助政策差异大，实际上补助时存在不稳因素。在实际操作中，建档立卡贫困户与非建档立卡贫困户的收入区分难以用一根"红线"一分为二（即贫困与不贫困是相对的），建档立卡户与随迁户补助差额过大，在推进过程中可能出现部分随迁户积极性不高、难以配合等一系列问题和社会不稳定因素。

（2）由于配套政策变动频繁，导致基层工作比较被动。比如，2016—2017 年，贫困户建房补助下降，由原来的户均补助 6 万元下降到 2 万元，同时住房面积标准和安置方式也有了新的政策。又如，云南省《关于不能加重建档立卡贫困户建房举债压力》文件下达时间过晚，要求享受易地扶贫搬迁政策贴息贷款的农户不能享受农危改等其他政策性贷款，但由于易地扶贫搬迁贷款工作尚未正式放贷，2016 年易地扶贫搬迁的建档立卡贫困户中，部分已开始建房又缺乏资金的农户已提前申请了农危改贷款，文件的出台又给下一步的基层工作带来压力。

（3）从其他省区的经验和教训来看，易地扶贫搬迁可能累积民族问题，导致社会冲突。比如在青海三江源地区生态移民搬迁，虽然搬迁后移民在子女上学、住房、就医、交通等方面得到改善，但移民的总体生活水平下降，70% 的人难以就业，在移民村里形成集中的"贫民窟"，酗酒和偷盗现象增加。有的搬迁安置点搬迁后疾病发生率上升；搬迁安置社区离婚率高达 70%，家庭的不稳定对孩子的身心健康带来深刻影响，约有 25% 的移民搬迁后又返回迁

出地。如果对这些潜在的社会矛盾处理不当，可能会引发突发性事件。

针对以上问题，尤其是其他地方在易地扶贫搬迁方面的教训，提出以下建议：

首先，慎重决策，对易地扶贫搬迁的复杂性以及由此形成的各种社会经济和文化传承问题应有足够的认识。不能搞"项目主义"，即为了项目而搬迁。贫困只能是局部改善，不可能被彻底消除，要谨防"大跃进扶贫""口号式扶贫""数字脱贫"和"被脱贫"。

其次，以民为本，充分尊重和听取各民族群众的意愿，让其积极参与到对梯田文化保护、精准扶贫和生态环境的表达、监测和行动中来。在房屋建设过程中，要突出哈尼族的风貌特征，去除与当地文化特色不协调的元素。同时做好产业扶持工作，拔出穷根，制定好村规民约，把牲畜进行圈养和集中养殖，不断改善人居环境，让新村有新面貌、有新产业，人有新气象。

最后，对确有必要搬迁的，安置点的选址要有利于群众发展产业、实现就业、稳定脱贫。安置点选择必须符合主体功能区规划、土地利用总体规划、城乡规划等要求；避让优质耕地和基本农田，避开地震断裂带、地质灾害隐患点、行洪通道等危险区域。

（杜发春：云南农业大学新农村发展研究院专职副院长、研究员）

云南红河州南部哈尼梯田保护与水资源可持续利用

冯　彦

一、引　言

云南"红河哈尼梯田"在先后被列入国家湿地公园、全国重点文物保护单位、中国重要农业文化遗产以及联合国粮农组织"全球重要农业文化遗产"之后，经过漫长的申报过程，2013 年 6 月"红河哈尼梯田文化景观"终于被列入联合国教科文组织"世界文化遗产名录"，成为中国第 31 项世界文化遗产。世界遗产委员会认为，红河哈尼梯田文化景观所体现的森林、水系、梯田和村寨"四素同构"系统符合世界遗产标准，其完美反映的精密复杂的农业、林业和水分配系统，在长期而独特的社会经济宗教体系中得以加强，彰显了人与环境互动的一种重要模式。在区域可持续发展理念下，首先，哈尼梯田延续着一个人类活动影响下的农业生产系统，具有一个动态变化的特征；其次，作为一个国家湿地公园、重点文物保护单位、农业文化遗产乃至世界文化遗产，它必须得到充分的维持与保护。因此，必须找到一个哈尼梯田可持续发展的模式。

红河哈尼梯田主要分布于云南省红河南岸的元阳、红河、绿春和金平等县，从山脚延伸至海拔 2 000 多米的地区，迄今已有 1 300 多年的开垦和耕作历史，是一直延续使用和发展的梯田。红河哈尼梯田文化景观遗产区及缓冲区总面积为 461 平方千米，其中遗产区面积为 166 平方千米，而其核心区位于元阳县，集中分布了规模最大、最集中的 3 个水稻梯田片区，区内 82 个哈尼族村寨居住着 2.6 万户哈尼族群众。本次调研集中于哈尼梯田集中分布的 4 个县，涉及遗产地的核心区与缓冲区，2016 年底 4 个县总人口为 132.29 万人，但贫困人口仍有 28.05 万人，贫困发生率为 21%，研究区内保护与发展的工作艰巨。

二、研究区梯田开发面积与水资源利用

（一）研究区 4 县社会经济概况

利用研究区 4 县 2016 年底的统计数据，分析、发现各县社会经济发展的基本特征（见表 1），它们表现为：①县域间人口数量差异明显，如元阳县总人口数是绿春县的近 2 倍；红河县与元阳县人口密度明显高于绿春县与金平县，即面积大的县人口数量却相对较少，特别是绿春县。② 4 县 2016 年底的贫困总人口超过 28 万，贫困发生率高，平均为 21%，最高达 25%，最低也有 17%，是中国平均水平（10.2%）的 2 倍多，说明未来几年面临严峻的脱贫攻坚工作。其中绿春县的贫困人口占其总人口的 1/4，但其土地面积大、森林覆盖率最高、水资源丰富等，且人口少，高贫困发生率原因可能与远离经济中心区域和交通干道有关，导致其资源利用的经济转化能力有限、外部经济对其的辐射和拉动不足等。③各县 2016 年农村居民的可支配收入均在 7 000 ~ 7 200 元/人之间，说明各县农民收入水平相当，总体表明 4 县之间农村经济发展水平相近。④ 4 县之间受到从南向北年平均降雨量减少和土地面积差异的影响，各县之间水资源总量和人均水资源量之间差异巨大，但总体上各县水资源丰富。⑤ 各县森林覆盖率均超过 45%，但存在一定差异，且与人口密度之间存在明显的负相关关系，表明人口多、人类活动强烈导致森林覆盖率低、面积小。

表 1　云南省红河州南部 4 县基本县情（2016 年）

	土地面积（平方千米）	年均降雨量（毫米）	人口（万）	人口密度（人/平方千米）	贫困人口（万）	贫困发生率（%）	森林覆盖率（%）	农村居民可支配收入（元/人）	水资源总量（10^8立方米）	人均水量（立方米/人）
红河	2 028.5	1 340	34.06	17	6.68	20	49.3	7 138	12.66	3 717
元阳	2 212.3	1 400	44.29	20	9.58	22	45.8	7 131	26.91	6 074
绿春	3 096.9	2 400	21.93	7	5.51	25	75.3	7 006	45.33	20 670
金平	3 677.0	2 330	37.13	10	6.29	17	53.1	7 121	74	19 930

（二）"哈尼梯田"的区域分布特征

依据《云南省红河哈尼族彝族自治州哈尼梯田保护管理条例》（2012）第

三条，"哈尼梯田是指在红河州元阳、绿春、金平、红河 4 县境内以哈尼族为代表的各民族开垦和耕种的水稻梯田，以及相关的防护林、灌溉系统、民族村寨和其他自然、人文景观等构成的文化景观"，第七条"对梯田实行重点保护，重点区域包括元阳县境内的坝达（箐口）、多依树、猛品（老虎嘴）片区，红河县境内的甲寅、宝华片区，绿春县境内的腊姑、桐株片区，金平县境内的阿得博、马鞍底片区"（见表2），原遗产申报书中提出：遗产区和缓冲区总面积 461 平方千米，其中遗产区面积 166 平方千米，缓冲区面积 295 平方千米。为充分有效地保护该遗产，2014 年红河州颁布实施了《红河哈尼梯田保护管理规划》，划定了"四域十片区"和"二十万亩梯田"2 条保护红线 红线内涉及元阳县的新街、胜村、牛角寨和攀枝花 4 个乡镇，以及绿春、金平、红河 3 县的 6 个乡镇。

表2 红河哈尼梯田"四域十片区"梯田分布及涉及人口情况

四域	梯田总面积（万亩）	十片区	梯田面积（亩）	村委会（个）	自然村（个）	农户（户）	人口（人）	年降雨量（毫米）
红河	17	宝华	14 000	6	61	5 098	22 485	1 485
		甲寅	5 400	6	41	5 274	24 581	1 310
元阳	19	坝达	26 220	20	82	26 419	113 400	1 403
		多依树	22 155					1 398
		老虎嘴	22 215					1 398
		牛角寨	17 672	8	89	9130	36 684	1 550
绿春	9.9	腊姑	4 830	3	26	938	4 588	2 487
		桐株	3 100	2	26	1 187	6 253	2 435
金平	18	阿得博	7 212	4	17	2 271	9 980	2 800
		马鞍底	12 172	6	37	2 642	11 704	2 500
合计	63.9	—	134 976	55	379	52 959	229 675	1 300 ~ 2 800

依据以上信息，通过初步统计"四域十片区"中集中连片的梯田数量、涉及村寨和人口数量（见表2），分析发现：① 4 县梯田总量约为 64 万亩；若

以 20 万亩为保护红线的话，需要严格保护的梯田比例为 31.3%，接近 4 县总梯田量的 1/3；"十片区"集中分布的梯田数量约为 13.5 万亩，即使实施严格保护的话，仍不足于保证"20 万亩"保护红线的标准，为此，需要认真考虑重点保护区域或核心区界线的确定，为各级政府与当地群众实行梯田保护措施打下基础。②"十片区"涉及约 55 个村委会、379 个自然村，超过 5 万农户、近 23 万人，如果依据其梯田面积计算，则人均梯田面积为 0.59 亩，以中国 2016 年贫困标准（农民人均纯收入 3 000 元），并假设在没有其他产业收入的情况下，为了实现脱贫目标，每年每亩梯田需要为农民产生的净收入达到 5 085 元以上。而依据在元阳实地调研中对梯田"稻—鱼—鸭"示范模式的了解，目前每亩梯田的产值可达 1 万 ~ 1.1 万元人民币，扣除成本后的利润约为 5 000 元。可见，单一依赖梯田产出难以实现脱贫目标，需要进一步开拓当地的多种产业，在维持梯田系统的基础上，提高当地居民的经济收入。③从"四域十片区"的年降雨量看，红河与元阳 2 县及其相关片区内的降雨量明显少于绿春和金平 2 县及其片区，由此预测红河与元阳 2 县梯田保护过程中可能面临缺水问题，而绿春与金平 2 县应不会面临严峻的梯田缺水问题。

（三）梯田保护与水资源利用

哈尼梯田的"森林、水系、村寨、梯田"四位一体的人工生态系统，集中展示了"生态—水—粮食"的关联关系，揭示了水资源是梯田维持与保护的根本，水资源的合理利用与保护决定了实现梯田有效保护的可行性与可能性。

依据《云南省地方标准：用水定额》（DB53/T168 - 2013），结合红河哈尼梯田分布情况、各县水资源拥有量情况，初步核算"四域十片区"梯田生产与景观用水的总需水量、可供水量以及水资源供需平衡状况。其中：①梯田生产用水量，参照《云南省地方标准：用水定额》（DB53/T168 - 2013），用农业灌溉用水分区的不同水资源保证率的灌溉净水量标准乘以各县及片区梯田数量予以确定，此用水量为梯田灌溉净水量。②梯田景观用水，考虑当前梯田作为一个风景名胜区、国家级文物保护单位等所具有的旅游、休闲与观光功能，需要维持其全年用水的要求，即除去水稻生长季的用水量，需在非水稻种植期间（每年 11 月至次年 2 月）进行泡田和维持景观的用水量。此部分用水量采用水稻生长季（3 ~ 10 月）所用的净灌溉水量的 1/4 进行概算。③梯田可供水量，利用各县多年平均水资源总量除以其国土面积和耕地总面积，分别得到各县单位面积水资源量（方法一）、耕地亩均水量（方法二），再用单位国土面积水量/耕地亩均水量乘以各县及其重点片区的梯田面积，求得各县及其片区梯田的可利用水资源量，即为梯田的可供水资源量。④利用以上所得的梯田需水量和可供水量，核算出不同保证率条件下可能的水资源供需平均状况。初步结果如下（参见表3）：

（1）红河县：从利用方法一所概算出的梯田供需水平衡结果看，在50%、75%和90%的水资源保证率水平下，无论是在县级层次上，还是在重点片区层次上，水资源供给均表现出水源不足的问题；而从利用方法二所计算的梯田供需状况看，虽然在各保证率条件下，梯田供水存在盈余，但相比较其余3个县，其水资源的剩余量最少，随着县内规划的工业及热区产业发展，该县未来会面临一定程度的缺水问题。

（2）元阳县：从利用方法一所概算出的梯田供需水平衡结果看，在50%、75%和90%的水资源保证率水平下，县与重点片区的梯田用水量虽然能够得到保证，但是剩余水量不多，特别重要片区内的水量剩余有限。从方法二所计算的梯田水供需盈亏状况看，虽然在各保证率条件下，梯田供水存在盈余，但从实地调查的情况看，县内已经存在部分梯田缺水问题，且县内有大规模热区土地资源开发、梯田上游区（如攀枝花乡的蓝莓）种植业产业区开发等规划，可能与梯田用水需求之间产生用水竞争问题，应引起关注。

（3）绿春与金平：无论是利用方法一，还是方法二，所概算的梯田供需水关系结果均表现出在不同保证率下，梯田的用水需求能够得到充分保证，特别是金平县。其中绿春县梯田重要片区的水资源盈余表面上看少于元阳县的水盈余，其主要原因是元阳县的片区梯田面积大，可供水量更大，而不在于水资源多少本身。

（4）比较两种方法在各县梯田水资源供需平衡方面的结果，综合体现了元阳、红河2县的水资源相对较少，而绿春、金平2县的水压力较小，而非直接表现县域内是否无水可用的问题。评价结果体现出4县未来在保护梯田的压力和面临的问题上存在差异，红河县和元阳县需要重点考虑如何保证梯田的用水问题，即水源保护与开源问题，而绿春和金平则需要重点考虑重点片区梯田的维持与防止供水量过大产生的梯田崩塌问题。

表3 水资源不同保证率下红河哈尼梯田供需平衡分析结果

灌溉用水 分区	定额(立方米/亩)	梯田需水量(10⁸立方米)		可供水量(10⁸立方米) 方法一		水供需平衡(10⁸立方米) 方法一结果		可供水量(10⁸立方米) 方法二		水供需平衡(10⁸立方米) 方法二结果	
		县	片区	县	片区	县	片区	县	片区	县	片区
	P=50%										
红河 干热河谷	560	1.19	0.14	0.71	0.08	(0.48)	(0.06)	3.76	0.43	2.57	0.29
元阳 滇西南	450	1.07	0.50	1.54	0.72	0.47	0.22	6.15	2.86	5.08	2.36
绿春 滇西南	300	0.37	0.03	0.97	0.08	0.60	0.05	8.04	0.64	7.67	0.61
金平 滇西南		0.68	0.07	2.42	0.26	1.74	0.19	27.32	2.94	26.65	2.87
	P=75%										
红河 干热河谷	600	1.28	0.15	0.66	0.08	(0.61)	(0.07)	3.51	0.40	2.23	0.26
元阳 滇西南	480	1.14	0.53	1.45	0.67	0.31	0.14	5.76	2.68	4.62	2.15
绿春 滇西南	330	0.41	0.03	0.88	0.07	0.47	0.04	7.31	0.58	6.90	0.55
金平 滇西南		0.74	0.08	2.20	0.24	1.45	0.16	24.84	2.68	24.10	2.60
	P=90%										
红河 干热河谷	650	1.38	0.16	0.61	0.07	(0.77)	(0.09)	3.24	0.37	1.86	0.21
元阳 滇西南	520	1.24	0.57	1.33	0.62	0.10	0.05	5.32	2.47	4.08	1.90
绿春 滇西南	370	0.46	0.04	0.78	0.06	0.33	0.03	6.52	0.52	6.06	0.48
金平 滇西南		0.83	0.09	1.96	0.21	1.13	0.12	22.15	2.39	21.32	2.30

三、结论与讨论

（一）主要结论

（1）"红河哈尼梯田"分布区域的4个县不仅面临着贫困发生率高的问题，还承担着世界文化遗产地保护的责任，脱贫攻坚与梯田保护的任务重、压力大。

（2）1998年退耕还林政策实施后，区域内森林面积恢复明显，目前4县森林覆盖率平均超过50%，有利于保证梯田水源，特别是枯季水源。但县域之间存在一定差异，且与各县人口数量存在明显负相关关系，表明人类活动强度直接影响森林面积的大小。

（3）4县水资源较为丰富，但各县之间存在明显差异，表现为红河与元阳2县的水资源相对较少，而绿春与金平2县的水资源更为丰富。

（4）从"4域10片区"与"20万亩"保护红线和梯田在4县与10片区的实际分布情况看，需要严格保护的梯田面积接近4县总梯田面积的1/3，而"十片区"的梯田数量又不足于满足保护红线标准，应尽快确定核心区/重点保护区域的界线，为切实履行梯田保护和发展措施打下基础。

（5）水资源是梯田保护的命脉。从在不同保证率下水资源对各县及其重要片区梯田的供需平衡状况看，红河与元阳2县面临一定的水压力，而绿春和金平2县的水压力较小；对于未来的水资源利用，红河县和元阳县需要重点考虑梯田的水源保护与开源问题，而绿春和金平则需要重点考虑重点片区梯田的维护问题。

（二）讨　论

研究区中与越南交界的绿春和金平2县因近年来水稻种植业受到越南低值大米的冲击，区内梯田水改旱和热区水改热作的情况时有发生，大量劳动力外出务工、山区贫困程度深等原因，导致区内梯田面积维持、梯田种植持续面临诸多困难。

由于原有的梯田种植模式难以满足区域内脱贫致富的目标，各县及梯田片区都寻求各种途径提高梯田及其周边地区的价值产出，以提高当地财政及群众的经济收入。如：围绕梯田旅游业的开发，各县及其相关片区均有类似的发展规模，可能造成区内竞争；大量客栈及农家乐等关联产业的发展，加上目前梯田旅游的强时段性，造成相关从业者之间的客源竞争激烈，以及大量游客进入后的环境问题；以元阳县为例，40 万亩热区开发和山区荒山荒坡"公司＋农户"的产业园区（蓝莓）发展等，对水资源的需求量不断增大，必然会与梯田用水产生竞争；虽然当地水资源总体较为丰富，但是仍旧存在区域差异和季节差异，水资源对不断增长的人口、游客、各产业发展目标的保证，需要通过加强水利设施的建设予以实现，但对于遗产地或湿地保护区来说，至少在核心区进行大规模人类活动干扰（包括水利设施建设）是受限的。为此，应该在研究、探讨不同区域水资源承载力的基础上，尽快完成遗产地核心区与缓冲区的定界工作，以保证梯田的有效保护与永续利用。

从区域内 4 县的水资源总体分布情况看，在不同保证率下红河县和元阳县的水资源相对较少，难以满足县内大规模发展耗水产业。为此，不建议红河县在目前状况下进一步扩大梯田种植面积，包括扩大重点片区的梯田保护面积；元阳县应综合考虑不同区域的水资源承载力，避免与梯田保护区用水目标出现争水现象，保护梯田水源，保证梯田用水；对于水资源丰富的绿春和金平来说，在重点考虑保护梯田种植与提高梯田产值的问题的同时，需要采取措施防止梯田面积的损失，包括因水量过大产生的梯田崩塌等问题。

参考文献：

［1］汪继武，马玉龙，连芳．红河哈尼梯田成为世界文化遗产［N］．云南日报，2013－06－23．

［2］李英康，李靖，冯少辉，等．哈尼梯田核心区水文要素变化特征分析［J］．林业调查规划，2010，35（4）：38－40．

［3］顾世祥，李远华，何大明，等．近45年元江干热河谷灌溉需水的变化趋势分析［J］．水利学报，2007，38（12）：1512－1518．

［4］云南省地方标准：用水定额（DB53/T168－2013）［R］．

［5］闵庆文．哈尼梯田农业类遗产的持久保护和持续发展［J］．世界遗产，2014（9）：59－63．

［6］白艳莹，闵庆文，李静．哈尼梯田生态系统森林土壤水源涵养功能分析［J］．水土保持研究，2016，23（2）：166－170．

［7］张红榛．敢问路在何方？关于哈尼梯田保护管理的思考［J］．世界遗产，2014（9）：74－75．

［8］郑宝华，罗明军．云南现代特色农业的探索发展之路［J］．社会主

义论坛，2012（9）：14 – 16.

　　[9] 角媛梅. 哈尼梯田自然与文化景观生态研究 [M]. 北京：中国环境科学出版社，2009.

　　[10] 王大琼，角媛梅，何礼平，等. 基于河渠连接度的哈尼梯田景观水源稳定性评价 [J]. 生态学杂志，2014，33（10）：2865 – 2872.

　　[11] 王清华. 红河哈尼梯田生态及景观的现代修复 [J]. 思想战线，2016，42（2）：25 – 30.

　　[12] 王清华. 梯田文化论 [M]. 昆明：云南人民出版社，2010.

　　（冯彦：云南大学国际河流与生态安全研究院教授）

加强保护和利用红河哈尼梯田世界遗产品牌助推红河南部民族地区精准扶贫

张红榛

　　习近平同志在十九大报告中指出："文化兴，国运兴，文化强，民族强。没有高度的文化自信，就没有文化的繁荣兴盛。"报告把文化复兴与中华民族伟大复兴联系起来，同时提出要在 2020 年根本解决中国的贫困问题。滇南红河流域是哈尼族、彝族、傣族等 11 个世居民族的古老家园，拥有丰富多元的传统文化，同时红河州南部四县又是贫困程度很深的国家重点扶贫开发县。贯彻落实十九大报告精神，以习近平同志新时期中国特色社会主义理论作为行动指针，推动民族地区经济发展、文化繁荣，对于巩固边疆，促进各民族和谐团结，与全州、全省、全国人民一起奔小康，具有十分重要和紧迫的现实意义。作为一名云南边疆民族地区的文化遗产保护研究人员，笔者就新时期如何加强保护和利用红河哈尼梯田世界遗产品牌，助推红河南部民族地区精准扶贫做初步的研究和思考。

一、红河哈尼梯田——藏在大山深处的文化遗产

　　红河哈尼梯田是指红河南部哀牢山中下段的红河流域集中连片的梯田景观，是以红河南岸哈尼族为代表的各族人民利用"一山分四季，十里不同天"的特殊地理气候共同开创的农耕文明景观，具有 1 300 年以上的历史，是中国古代农业史上七大农耕田制之一；分布于红河州红河、元阳、绿春、金平乃至玉溪的元江、普洱的墨江等广阔山区，海拔为 105～2 500 米，面积达上百万亩，仅红河州境内就有 81 万亩。哈尼族围绕梯田农业，营造了森林—村寨—梯田—水系的四度同构的良性循环生态系统，呈现出以梯田为轴心的精湛的农耕技术、系统的文化现象和优质丰富的梯田农业产品，处处呈现出和谐多样的特征，成为令人赞叹的哈尼梯田农业奇观。

　　作为古老悠久的山区农业梯田景观，它既是撼人心魄的大地景观，同时又

是多功能的山区农业复合系统，它的功能是多样的，主要有三点：一是生计功能，提供了丰富的稻米及鱼虾等副产品。二是生态功能：调节气候，净化空气；保水保土，防止滑坡，维护生态系统的生物多样性。三是社会文化功能，梯田凝聚了哈尼族群以及其他兄弟民族，不仅使哈尼梯田成为大地粮仓，还使它成为传统文化的载体，是人与自然、人与人之间和谐的桥梁和纽带。

从价值层面考察，红河哈尼梯田具有经济的、科学的、文学艺术的、社会的等丰富的多重价值。一是经济价值，基于农业稻作的梯田景观，千百年来持续养育当地世居民族，至今有上百万人生活在南岸，靠梯田维持着生计。二是科学价值，哈尼族对水资源独特的认识和利用、人居环境的选择、科学的田间管理系统，是亚洲乃至世界农耕文明的典范。三是景观价值，哈尼梯田既是人文的也是自然的，人文与自然景观互相交融，梯田、云海、蘑菇房聚落景观浑然一体，在中外梯田景观中罕见，是中外文学艺术家创作素材的宝库。四是社会价值，历史悠久，是当地哈尼族发展、民族融合的历史见证，是人与自然、人与人和谐发展的桥梁和纽带。

红河哈尼梯田，作为哈尼族与其他各民族赖以生存的物质基础，是古老的家园，千百年来，它默默地藏在大山深处，鲜为人知，直到 20 世纪 80 年代末 90 年代初，随着中外摄影家的涉足和宣传，才为世人所知晓。近年来，随着哈尼梯田申遗成功，红河哈尼梯田知名度逐渐提升，成为地域性、民族性、国际化的世界品牌。

红河哈尼梯田，作为祖先的遗产，是中华民族悠久灿烂文化的重要组成部分，它展现了我国西南少数民族的生存智慧，为人类社会生存的样板，同时也是边疆各族人民可持续发展的重要基础。从 2000 年开始，红河州委、州政府高瞻远瞩，坚定持续推动红河哈尼梯田的保护与发展。通过 10 多年的努力，红河哈尼梯田已经申报成功 2 个世界品牌、3 个国家级大品牌、5 个国家级非物质文化遗产项目，成为中国 50 多个世界遗产中第一个以民族命名的以农耕文明为主题的世界遗产，成为拥有教科文组织世界文化遗产、联合国粮农组织全球重要农业文化遗产 2 个双世界遗产的知名品牌。哈尼梯田同时还拥有国家湿地公园、中国重要农业文化遗产、国家重点文物保护单位等多个国家级品牌，为古老的哈尼梯田整体保护、系统保护聚集了正能量，为今后的可持续发展奠定了坚实的基础，搭建了世界级的平台，打开了前景广阔的空间。

表1　红河哈尼梯田品牌一览表

时间	内容
2007年11月申报 2013年10月验收	红河哈尼梯田获国家林业局批准，列为国家湿地公园，是云南省第一个国家湿地公园，也是中国唯一一个人工湿地公园，同时入选中国十大魅力湿地之一
2010年6月	红河哈尼稻作梯田系统列入联合国粮农组织全球重要农业文化遗产
2013年5月	红河哈尼梯田入选首批全国重要农业文化遗产
2013年5月	红河哈尼梯田入选第七批全国重点文物保护单位
2005—2013年	哈尼四季生产调、哈尼多声部民歌、哈尼哈巴、红河乐作舞、祭寨神林入选国家非遗名录

二、目前红河哈尼梯田品牌存在的问题

目前红河哈尼梯田品牌存在的问题有：公众对遗产多重价值和功能认识不足，对品牌认知度不高，产业开发中品牌利用的广泛性和积极性、科学性有待提高，品牌管理体制机制不顺等。比如：

（1）品牌认知度不高，品牌利用率低。政府部门与大众层面重视世界文化遗产名录而对哈尼稻作梯田全球重要农业文化遗产、湿地公园等其他品牌的认知度不高。从范围来讲，十大片区中，重视世界遗产申报地元阳核心区而忽略遗产涵盖的红河、绿春、金平等其他片区的多样性和整体性；有的时候州县之间、县县之间出现宣传口径不统一的情况，这就无形中减弱了遗产的品牌价值。

（2）梯田产业开发已经风生水起，但在梯田系列农产品开发中还没有足够的品牌意识。一流的品质、五流的包装设计；杂牌货多，缺乏统一包装和统一营销，产品价格未能真正体现哈尼梯田的品牌价值。根据遗产管理局提供的数据表明，目前全州仅有13家从事梯田产业开发的企业申请使用全球重要农业文化遗产和湿地公园的标识（世界遗产标识不得无偿使用在产品包装上）；梯田产业的开发局限于梯田红米、稻鸭蛋、梯田茶等农产品的开发，缺乏对民族文化创意产业和生物资源的深度开发利用。

表2　中国"全球重要农业文化遗产"特色农产品调查统计表

农业文化遗产名称	生产单位/企业名称	法人代表	生产单位性质	主营产品	商标注册时间	当地申报农业文化遗产后，对产品销售、农民增收的带动作用
哈尼稻作梯田系统	元阳县粮食购销有限公司	李富贵	国有	粮、油批发、购销、加工	2011年10月	哈尼梯田申遗成功后，随着世人对梯田红米产品的认识加深和购买欲望增加，前来洽谈购销业务的客商逐渐增多，红米产品供不应求。梯田红米稻与以往种植的品种相比，每亩增收800～1200元，对农民增收、企业增效明显
哈尼稻作梯田系统	元阳龙泰粮业有限公司	张泰忠	民营	红米		—
哈尼稻作梯田系统	元阳县水卜龙茶厂	田勇光	集体性质	云雾茶	1995年10月	—
哈尼稻作梯田系统	元阳县多阔茶叶有限责任公司	马有贵	集体性质	云雾茶	1992年2月	—
哈尼稻作梯田系统	元阳县沙拉托精制茶厂	李九学	集体性质	云雾茶	1995年10月	—
哈尼稻作梯田系统	元阳县茶树良种场	李骁	个体性质	云雾茶、红河秀峰	2001年8月	—

（3）缺乏从全州的高度对南岸红河哈尼梯田保护区十大片区系统性、整体性策划，哈尼梯田旅游开发中偏重于元阳核心区景观旅游，而忽略了南部四县的整体性和完整性，不利于南部四县协调发展和脱贫致富的整体推进。南部四县"散打"现象严重，在各类宣传促销活动中没有精准的遗产价值展示和阐释，从而遗产品牌旅游流于肤浅化。

（4）品牌管理体制不健全、利益机制不完善，梯田保护主体没有从遗产保护、遗产利用中充分受益，千年梯田遗产的创造者、维护者梯田农民获得感不强，从而影响了其保护的积极性，不利于红河南部民族地区的可持续发展。

三、进一步加强保护和利用红河哈尼梯田品牌，助推红河南部民族地区精准扶贫的对策建议

红河哈尼梯田从藏在大山深处默默无闻的农业景观成为世界知名品牌，并非一蹴而就，它是历经四届州委、州政府持续的重视和推动，国家、省、州各级领导高度重视，世界遗产专家特别给力，红河各界民众各族人民鼎力支持取得的遗产保护成果。哈尼梯田世界品牌打造、建设和经营有利于建设边疆民族地区生态文明，有利于传统农耕文化传承，有利于增加百姓收入，成为红河南部山区各族百姓精准脱贫2020年与全国人民奔小康的强有力的助推器。因此，做好"打造、建设、经营"哈尼梯田世界品牌三部曲，对于促进红河南部民族地区精准扶贫具有深远的意义。因此，提出三点建议：

（1）建议红河州委、州政府从遗产展示和阐释的角度系统策划、统一策划，加大红河哈尼梯田品牌价值的宣传力度，突出文化、农业、生态为特点的双世界遗产的珍贵性，突出中国以民族命名、以农耕文明为主题活态遗产的独特性，讲好红河哈尼梯田的故事。建议组织专家学者对红河南部四县哈尼梯田十大重点片区遗产价值进行系统的挖掘和展示，在公众层面特别是遗产地村民中开展针对性的宣传教育，广泛宣传多功能多价值的哈尼梯田文化遗产。

（2）建议红河州委、州政府就红河哈尼梯田品牌建设与红河南部精准扶贫课题开展专题研究，加大建设世界遗产品牌红河南部四县哈尼梯田十大片区以农事体验、农产品开发、民族文化展示为主要内容的全域旅游试验区；申报红河南部四县为国家哈尼梯田稻米高原特色农业示范区。建立南部四县建立梯田联盟，各展优势，抱团发展，使红河哈尼梯田品牌价值充分发挥作用，让梯田农民进一步增加自豪感和获得感，真正惠及当地百姓，强有力地助推当前红河南部地区精准扶贫工作。

（3）建议州县有关部门加强贯彻落实已经编制和出台的《红河哈尼梯田的保护与发展总体规划》《红河哈尼梯田产业发展策略》《红河哈尼梯田保护管理条例的实施办法》等法律法规。

为了确保工作落实到位，建议：一是完善州政府红河哈尼梯田保护管理委员会的工作机制，定期研究和协调解决哈尼梯田品牌建设和营销中的重大问题；二是配齐配强州遗产局管理人员，继续保留梯田保护管理专项资金，进一步提升协调管理能力；三是邀请国内外知名评估师评估双世界遗产哈尼梯田的品牌价值，完善政府、企业、农民等利益相关者的合作机制，尽恢出台遗产品牌利用的"特许制度"和"有偿使用制度"，让红河哈尼梯田世界遗产品牌真正释放出能量，造福当代百姓，惠及子孙后代。

（张红榛：红河学院红河哈尼梯田保护与发展研究中心主任、研究馆员、享受国务院特殊津贴专家、红河州州管专家）

哈尼族传统村落保护发展研究报告

卢　鹏

　　哈尼族是我国西南边疆历史最为悠久的少数民族之一，国内现有人口约166万（其中云南163万），主要分布于云南南部红河下游与澜沧江之间的山岳地带，即哀牢山和无量山的中间地区。哈尼族先民从青藏高原向南迁入云南后，逐渐适应了当地的自然气候与环境，依山势修筑起一级级数也数不完的梯田，并在梯田稻作农耕的基础上建构了一个个极富民族特色的哈尼族传统村落。这些村落给哈尼族人提供了安全的物理和文化空间，并承载着哈尼族人厚重的民族历史记忆。然而随着经济社会的发展，大批传统村落遭到了不同程度的破坏甚至面临消亡的威胁。哈尼族传统村落现状如何，如何保护，如何在新的时代背景下得到发展，带着这些问题，2017年8月23—28日，我们一行在云南省社科联党组书记、主席张瑞才研究员的带领下，赴绿春、红河2县进行了为期6天的田野考察。通过调查以及红河南部4县提供的相关材料，基本摸清了哈尼族传统村落保护发展的现状，厘清了哈尼族传统村落保护发展中存在的问题，并在此基础上提出了相应的对策措施。

一、哈尼族传统村落现状

　　对于依循祖先流传下来的技艺从事农耕的哈尼族人而言，村落不只是自然的聚落，更是能够给他们提供安全保障的文化空间。说到哈尼族人的村落，人们首先想到的即是一幅"四素同构"的图景：在半山腰向阳的地方，座座蘑菇房构成一个个哈尼村落；每一个村落的上方，生长着茂密的森林，森林涵养的水源汇聚成一条条溪流沿着纵横交错的沟渠流淌着，其中有些沟渠就从村落中间流过；村落下方是层层叠叠，如千万面碎镜般镶嵌在大山里的梯田；梯田下方是奔腾的江河，汇聚着来自千万条沟渠的溪水。这幅图景以水为媒介构成了一个循环体，森林涵养的水源给村落提供了最洁净的生活用水，多余的水流入梯田，给稻作农耕提供了最基本的生产条件，梯田里的水再汇入江河，然后河水蒸发变成水蒸气在森林、村落、梯田等处形成降雨。这个森林—村落—梯田—江河四素同构的人与自然高度协调的、可持续发展的、良性循环的生态系统就是千百年来哈尼族人民生息繁衍的美丽家园。因此，哈尼族人往往会选择在向阳的半山腰定居，这里不仅阳光充足，有利于身体健康，村落上方的森林还可以提供清洁的水源和薪柴，村落下方的梯田则给人们提供生存发展的粮食。

作为传统的山地农耕民族，哈尼族人的生存与发展较为依赖自然，至今依然保存着浓厚的鬼魂观念。哈尼族人认为，人是有灵魂的，当肉体死去后，灵魂就会离开肉体成为鬼魂。鬼魂有善恶之分，善鬼对活人无害，有时甚至还会帮助活人，而恶鬼对人世充满了怨恨，有时会通过捉弄或危害人们而发泄不满。对于这些无处不在的恶鬼，人们是非常害怕的，村落里流传有它们的故事，以此来吓唬小孩。哈尼族人除了相信他们的周围存在恶鬼，还相信他们的身边存在恶神或者妖魔。因此，哈尼族人生存的世界充满了危险性。为了规避潜在的危险，人们必须要将所生活的村落建构成一个安全的文化空间。

上寨门、下寨门、寨神林和磨秋场是构筑村落文化空间的四大要素。上寨门位于寨子头，下寨门位于寨子脚，随着时代变迁，人们已不再搭建精致的寨门，而是利用路两边的树木扯起一根草绳充当寨门。寨神林与磨秋场是在建寨的时候设置的。建寨时，哈尼族人通常会在寨子上方选择一片森林立为寨神林，同时在林子里选择一棵高大挺拔的常绿乔木充当神树。寨神林建好后，人们在寨子脚选择一块地势较为平缓的地块作为磨秋场的场地，在上面建盖秋房、磨秋和秋千，此后每年农历六月的矻扎扎节，由村落祭司咪谷在秋房里祭献天神。上寨门和下寨门的位置也是在建寨时就选择好了的，但每年农历二月昂玛突节的第一天要重新立一次寨门。通过立寨门以及对寨神、天神、门神等的祭祀，将恶鬼等邪祟挡在村落外面，由此为村民构筑出一个安全的文化空间。在这个空间里，哈尼族人修建起传统的蘑菇房，并在里面生儿育女，不断传承着悠久的民族传统文化。

但随着经济发展和城市化进程加快，因缺乏保护意识，红河南部地区大批哈尼族传统村落遭到了不同程度的破坏甚至面临消亡的威胁。主要表现为以下几点：

第一，以蘑菇房为代表的哈尼族传统民居大量消失。蘑菇房极具哈尼族民族特色，大多为砖石结构，因其房屋上都有一个形似蘑菇的茅草房顶而得名。

蘑菇房通常有两层，第一层主要用来关牲畜和家禽，平时也放置农具；第二层是生活和休息的空间。蘑菇房虽然具有经济、适用等特点，但也存在蘑菇顶每隔几年就得更换，家庭成员私密性难以得到保障，采光性较差等局限性。随着农民外出务工得到政府鼓励，很多哈尼族村落的青壮年也走出了沉寂了千百年的哈尼山寨。他们在外面的闯荡不仅给家庭增加了一定的经济收入，更将外面世界的许多东西带回了古老的哈尼山寨。他们感受到了新式房屋的宽敞明亮，也羡慕新式房屋中人们能够有自己私密的空间，因此只要经济条件许可，就迫不及待地拆掉老式的蘑菇房，修建新式房屋。于是，一幢幢被视为哈尼族标志物之一的蘑菇房在寨子里消失了，取而代之的是一幢幢用混凝土或红砖建造的平顶房。

第二，村落中用来建构安全文化空间的寨神林、磨秋场、秋房及其祭祀活动受重视程度下降。哈尼族有昂玛突节、矻扎扎节、十月年三大传统节日，其中前两大传统节日中最为浓墨重彩的祭祀活动就是分别在寨神林和磨秋场及秋房进行，并以此驱除邪祟，求得村落平安、人丁兴旺、六畜繁衍和五谷丰登。虽然红河南部地区的哈尼族仍在按传统过着昂玛突节、矻扎扎节，并在寨神林里祭祀寨神，在磨秋场和秋房祭祀田神、谷神，但重视程度明显降低。首先是随着谋生手段的多元化，稻作农耕在哈尼族收入来源构成中比重下降，因而带有浓厚农耕祭祀色彩的传统活动的吸引力减弱。其次是随着认知水平的提高，原始宗教信仰及其活动的神秘性、神圣性不同程度被消解。秋房是哈尼族传统村落的神圣场地，矻扎扎节期间分牛肉、祭祀等活动都在里面举行。但笔者在元阳调研期间发现，曾经被哈尼族人视为神圣场所的秋房被村民放了棺材板、牲畜粪便等物。

第三，作为村落象征的咪谷地位岌岌可危。咪谷有时也被称为"龙头"，大多时候主持的是涉及整个村社福祉的祭祀活动。在村民心目中，咪谷是村社精神的象征，做人的楷模。因而，对于咪谷的人选也有比较严格的选拔标准。一般而言，咪谷人选必须符合几个条件：一是妻子健在，儿女双全；二是历代祖先及家属中未出现过非正常死亡人员；三是为人正派，办事公道，不偷盗。通过上述标准公选出来的咪谷人选，由贝玛打鸡卦确认其能否通过寨神的裁定。在不违背上述条件和选拔程序的前提下，咪谷也具有世袭的成分，父亲可以将咪谷的位子传给儿子。成为咪谷后，必须遵守一些规矩，如不能随意参加别人家的葬礼，也不能留在有人过世的人家里吃饭，更不能给死人洗澡、穿衣。咪谷主持的活动主要有昂玛突节封寨门、祭祀水神、祭祀寨神，矻扎扎节祭祀秋千、磨秋、秋房，以及其他涉及村社性质的祭祀活动。咪谷通过与所祭祀神灵的沟通，不仅求得整个村落的五谷丰登、六畜繁衍、人丁兴旺和村落平安，还通过公祭活动的举行消解了村落中存在的离心力，增强了人们的向心力，维护了村落的团结。对于哈尼族来说，咪谷是村落的精神象征与精神领袖，他们通过严律自己的言行举止成为村民做人的楷模，并通过对传统的遵守与维护促进了村落的团结。但是，在红河南部哈尼族村落的调查表明，咪谷的影响力已经明显下降，甚至于出现了没人愿意担任咪谷的现象。笔者在元阳的调查证明，梯田核心区的部分村落由于选不出咪谷，而只好不过昂玛突节、矻扎扎节等传统节日。

综上所述可以看出，红河南部地区哈尼族传统村落已经遭到了不同程度的破坏，不仅表现出传统民居的消亡，更令人担心的是，哈尼族村落传统文化的传承已经面临严重的困境。如果不想办法加以保护和传承，那么不久的将来，红河南部地区将再难看到传统的哈尼族村落。

二、哈尼族传统村落保护发展现状及问题

哈尼族传统村落面临的困境已经引起了红河南部各县党委、政府的高度重视，并纷纷制定出台措施加以保护。但在调查中发现，哈尼族传统村落的保护发展仍然存在较多问题。

（一）哈尼族传统村落保护发展现状

元阳位于红河哈尼梯田世界文化遗产的核心区，为切实保护好哈尼梯田世界文化遗产的传统元素，保持传统民居的格局风貌、建造方式和民族文化，使哈尼族传统民居能够逐步恢复和延续，该县主要从三个方面加大了对传统民居的保护力度。一是积极探索传统民居建设及保护工作。比如邀请昆明本土建筑设计研究所、昆明理工大学建筑与城规学院的专家编制《哈尼梯田遗产区传统村落保护发展方案》，方案包括遗产区 54 个村落图集、传统村落保护发展工程概算等，细化了保护范围，明确了村落保护等级，落实了传统民居保护数量，制定了保护管理工作年度计划。二是对传统村落进行挂牌保护。目前，已对全福庄中寨、上主鲁、牛倮普、阿者科、垭口 5 个重点村的 170 栋和梯田核心区 15 个村落的 249 栋传统民居实施挂牌保护，禁止传统民居拆除重建。三是开展传统民居普查及鉴别工作。目前，已对全县 56 个村庄传统民居进行普

查、鉴别，共普查出传统民居 1 530 栋，其中完整安全型 821 栋、部分损坏安全型 546 栋、危房 163 栋。

绿春县强化了对哈尼族传统村落的保护。绿春县认真落实《红河哈尼梯田文化景观村庄民居保护管理办法》和《红河哈尼族传统民居保护修缮和环境治理导则》，严格执行传统民居建设审批制度，严厉打击乱搭乱建，严格控制房屋层数、建筑面积、色彩格调和外观，对核心区传统民居进行挂牌保护，并分批分年度对遗产区 8 个村庄实施改造，注重古今结合，融入哈尼元素，逐步恢复"土坯房、茅草顶"的传统哈尼民居风貌，着力打造哈尼梯田旅游特色村。同时结合我国组织开展的"传统村落"申报工作，积极组织各乡镇对照条件进行申报。目前，绿春已经向上级申报了牛孔乡牛孔村、平河乡东批村委会塔普村、平河乡石屏下寨村、平河乡东斯村委会腊咪村、三猛乡桐株村委会塔普村、三猛乡腊姑村委会干角村、三猛乡腊姑村委会新寨村、三猛乡桐株村委会牛波村、三猛乡桐株村委会牛扎村、三猛乡巴龙村等 19 个村落。但是，申报条件不符合，达不到"传统村落"应具有的历史、文化、科学、艺术、社会、经济价值，审查未获得通过。

近年来，红河县加大对梯田核心区上游传统村落的保护力度。2015 年 6 月，红河县政协组织政协委员、专家对县内哈尼族传统古村落民居进行了调研，并向县委、县政府提交了保护与利用传统古村落民居的对策措施。目前，全县共有 17 个村落列入中国传统村落名录，现已完成保护性规划编制及档案建立工作。正在逐步恢复传统村落内寨神林、磨秋场、寨门、碾房、青石板路、老水井等传统元素，努力维持传统的民居建筑风貌和街巷布局特色，体现传统村落的历史真实性、环境风貌的完整性、建筑遗产的原真性及其所代表时代遗存的识别性。

（二）哈尼族传统村落的保护发展中存在的问题

第一，文化持有者对哈尼族传统村落价值的认识不够。毋庸置疑，生活于村落中的哈尼族人是文化的持有者，同时也是传统村落保护发展的主体。但对于生于斯长于斯的大多数哈尼族村民来说，他们并未真正清楚地认识到传统村落所具有的历史与文化价值。哈尼族传统村落是哈尼族先民依托自然、改造自然，并最终达成与自然和谐相处的产物，村落中的民居、沟渠、梯田以及以梯田农耕为基础的传统节日、婚丧嫁娶、衣食住行、宗教信仰、民俗活动等文化现象，深刻地反映出先民们的生产生活方式、审美理念乃至人生信条。传统村落又是哈尼族文化认同的载体，积淀着厚重的民族历史与记忆，是一百多万哈尼族人的精神归依和灵魂故园。但是，生活于村落的哈尼族人离开乡土涌向城市，很快就被外面现代化的农村住房所吸引，由此产生了农村现代住房理念与保护传统民居相冲突的矛盾。调查中红河南部四县均反映，在传统村落保护的过程中，往往会面对来自村民的质疑，为何不让他们修建宽敞明亮的现代住房？

第二，重视村落中传统民居的保护，而忽略了民族文化的保护发展。近年来，传统村落保护已得到了国家的高度重视，各地纷纷出台保护措施加大对传统村落的保护力度。红河州和红河南部四县先后制定出台了《中国云南红河哈尼梯田文化遗产保护与发展规划（2005—2020）》《遗产区 82 个村庄传统民居保护、维修与发展手册》《元阳县民族村庄环境风貌保护、整治与管理手册》《红河哈尼梯田文化景观村庄民居保护管理办法》《红河哈尼族传统民居保护修缮和环境治理导则》《哈尼梯田遗产区传统村落保护发展方案》《元阳县哈尼梯田遗产区传统民居保护修缮挂牌补助实施方案》《元阳县哈尼梯田保护利用三年行动计划》等保护措施和规划方案，着力加强对红河南部地区哈尼族传统村落的保护。这些保护措施和规划方案，重点集中在传统民居的保护上，而对村落中传统民族文化的保护重视不够。虽然元阳为了保护哈尼族传统文化，专门组建了哈尼梯田文化传习馆和民族文化传承文艺队，但传统民族文化的保护在实际保护过程中重视程度仍显不够。村落保护中民族文化的保护没有受到足够重视，在外来文化的冲击下，村落中的工艺技术、优秀口传非物质文化遗产等已经出现传承危机。

第三，传统村落保护发展经费严重不足。调查中，谈及传统村落保护发展问题时，红河南部各县反馈的一个主要问题就是经费严重不足。作为欠发达地区，元阳、绿春、红河、金平四县财政收入严重不足，在传统村落的保护发展方面缺乏相应的资金支持。传统村落保护发展过程中，不但村落生态的保护、传统民居的恢复改造、维护梯田持续发展需要大量的资金，而且传统歌舞、传统工艺技术、优秀口传非物质文化遗产等传统文化的保护也需要大量资金。但在这方面，红河南部四县资金缺口较大。如果经费不足的问题不能得到根本解决，传统村落保护发展的后劲显然会受到严重制约。

第四，村民种田积极性下降，梯田改种、撂荒现象普遍存在。哈尼族传统村落生存和发展的根基在梯田，梯田稻作文化是哈尼族传统文化的精髓。但近年来，由于传统梯田稻作产值低、农村青壮年大量外出务工等原因，导致梯田水改旱现象在红河南部的元阳、绿春、金平、红河四县不同程度存在。据统计，在金平县水改旱的哈尼梯田达到 150 余亩，其中地西北、中梁 2 个村委会水改旱情况较为严重；海拔 1 000 米以下的哈尼梯田村民自行调整产业结构改种其他作物，如玉米、香蕉、火龙果、砂仁、丰收瓜等面积约为 8 000 多亩，主要为马鞍底片区；海拔 1 000 米以上的哈尼梯田村民自行调整产业结构种植板蓝根、菜类等面积约为 500 多亩，主要为阿得博片区。元阳县已出现哈尼梯田改种旱地作物的情况，哈尼梯田面积逐年减缩，传统梯田稻作农耕的式微，使得以之为基础的哈尼族传统村落及传统哈尼族文化根基不稳，其保护发展面临困境。

第五，农村空心化问题严重，传统村落失去发展活力。农村空心化问题不仅大量出现在内地，在红河南部四县形势还很严峻。经济全球化语境下，稻作农耕面临的最大问题即是其在经济上呈现出的比较劣势。由于多种因素制约，稻作农耕最多就是给村民提供基本的温饱，某些田地较少的村民家甚至于连温饱都不能解决，更不用说从稻作生产中获得经济收入了。而与稻作农耕相比，外出务工却因其经济收益相对较大而具有极强的诱惑力，使得村民纷纷离开村落去往都市。在红河南部四县的调研中发现，很多村落的外出务工人员越来越多，留守村落的多为老年人群，从而导致梯田耕种的劳动力远远不足。农村空心化问题在哈尼族村寨的出现，使得有些哈尼族村寨出现了梯田无人耕种，传统文化的传承后继无人，进而使得哈尼族传统村落的保护发展面临严峻问题。

三、哈尼族传统村落保护发展的对策措施

(一) 加强培训与宣传，让文化持有者树立民族文化的自信心

哈尼族传统村落保护发展中面临的诸多问题，如外出务工农民回乡后对于传统民居的舍弃，传统民族文化的式微等反映出的一个根本性问题，就是哈尼文化的持有者对民族文化的自信心不够。换句话说，正是因为文化持有者对民族文化的不自信，导致哈尼族传统村落传承发展面临着困境。因此，哈尼族传统村落保护发展首先应该做的，就是让文化持有者充分认识到传统村落与民族文化所具有的价值，并树立起对于民族文化的自信心。

作为生于斯长于斯的哈尼族人，绝大多数人对所生活的村落是有感情的，对自己所习得的文化也是充满感情的。但是，他们对自己的文化的认识可能并

不充分。甚至于，在与外界交流后，会在与主流文化的对比中生出对本民族文化的自卑感。由此带来的表现就是，他们回村后推倒传统蘑菇房来建盖宽敞明亮的现代民居，不再愿意身穿本民族的传统服饰，不再愿意传承本民族的歌舞，不再愿意从父辈那里学习耕田耙田的技艺，不再愿意从母亲那里学习织布染布的本领。于是，传统文化越来越衰微，传统民居越来越稀少，传统村落也变得越来越不像哈尼族人的村落。因此，地方政府应该积极聘请专家学者为生活于村落的哈尼族人进行多种方式的培训，加深他们对传统民居和传统文化的认识，使他们真正认知到传统村落所具有的价值，进而激发他们对民族文化的自豪感和自信心。同时，还应加大对传统民居和传统文化价值的宣传力度，增进文化持有者对本民族文化价值的认识，树立起对民族文化的自信心。

（二）多方争取，加大对哈尼族传统村落保护发展经费的投入

调查中发现，经费严重不足是制约哈尼族传统村落保护发展的硬伤。如若经费的问题不能得到有效解决，哈尼族传统村落的保护与发展就无从谈起。红河南部四县政府应该积极主动利用国家加强对传统村落保护的契机，多方争取经费投入，加大对哈尼族传统村落的保护与发展。

第一，充分利用住房和城乡建设部、文化部、国家文物局、财政部、国土资源部、农业部、国家旅游局等7部局组织的全国传统村落申报活动的契机，积极争取将具有代表性的传统村落列入中国传统村落名录，并由此争取获得中央财政专项经费支持，推进哈尼族传统村落保护与发展工作。以红河县为例，该县积极创造条件申报中国传统村落，目前已有17个村落列入中国传统村落名录。

第二，积极通过有影响力的专家学者的呼吁，争取云南省财政每年安排专项经费用于支持红河南部四县哈尼族传统村落的保护和发展。在本次调查中，元阳县呼吁省财政每年安排350万元的哈尼梯田保护管理专项经费用于哈尼梯田稻作系统保护传承。

第三，红河南部四县每年安排一定经费专门用于对域内极具典型的哈尼族传统村落进行重点保护。红河南部的元阳、绿春、金平、红河四县均属于欠发达地区，自身财政收入严重不足，因而能够安排进行传统村落保护与发展的经费显然不会太多。在经费的使用上，只能采取"重点照顾"原则进行。

（三）调整产业结构，增加村民的经济收入

传统村落保护发展的关键是"人"，是生活于其中的村民。就哈尼族传统

103

村落的保护发展来说，生活于村落中的村民依托梯田过上富足的生活是基础。如果在对传统村落制定保护发展规划时不关心村民的利益，如果村民并不能从传统村落的保护发展中获得实实在在的利益，他们显然是不会支持传统村落的保护和发展的。传统村落生存与发展的根基离不开梯田。过去，传统稻作农耕为哈尼族传统村落的生存与发展提供了源源不断的养分。但是随着时代的变迁，传统稻作农耕已经面临困境，并进而影响到了传统村落的延续。传统稻作农耕出现困境的根本原因就在于经济收益不高，而经济的问题必须采用经济的手段才能解决。对于哈尼梯田稻作农耕而言，提高稻作农耕收益的途径主要有两条。

第一，利用现代商业手段，提高梯田产品的附加值。梯田的主要产品有红米、梯田鱼、梯田鸭及梯田鸭蛋，它们都产自梯田并具有较高的生态特征。当地政府部门可以通过一定途径将哈尼文化注入这些产品中，对这些产品进行宣传、包装，从而提高它们的附加值，增加农民的收入。以红河县为例，该县2013—2015 年在甲寅、宝华、乐育、洛恩、石头寨、浪堤 6 个乡镇的红米种植区以种养大户、农民自行种养等多种方式进行示范 5 850.3 亩，平均亩产稻谷 380.6 千克，市场价 4 元/千克，产值 1 522.4 元；鱼平均亩产 38.3 千克，市场价 50 元/千克，产值 1 915 元；鸭亩养殖 20 只（其中 2 只为公鸭），平均产蛋 100 枚/只，年均产蛋 1 800 枚，市场价 2 元/枚，产值 3 600 元；鸭 3 年后出售，平均 90 元/只，年均 30 元/只，亩年均产值 600 元。稻—鱼—鸭共生种养结合模式亩产值达 7 637.4 元，解决了农民不愿种粮的问题。

第二，立足红河哈尼梯田申遗成功，促进旅游事业发展，并切实保证梯田的主人能从中受益。红河哈尼梯田申遗成功，将极大地促进当地旅游事业的发展，为哈尼梯田的保护提供强大的经济动力。值得重视的是，如果忽略了梯田主人，即文化持有者的经济利益，那么哈尼梯田的保护将无以为继。对于梯田及其文化，作为文化持有者的哈尼族等各族人民无疑是有感情的。申遗背景下红河哈尼梯田的保护与开发过程中，文化持有者无论是选择离开梯田，还是由初期的遵守约束到最终的违反约束都是因为他们的经济诉求意愿被忽视或重视不够。经济引起的问题最终只有通过经济的手段才能有效地解决，任何说教都无济于事。无论是保护还是开发，都应该倾听文化持有者的声音，重视文化持有者的经济利益。在哈尼梯田申遗保护与开发过程中，必须"还话语权于文化持有者"。只有当文化持有者能够从梯田及其文化上获得生存和继续发展的资源，哈尼梯田才能够长期地"活下去"，不至于成为死形态的遗产，稻作农耕面临的困境才能迎刃而解。

只有调整产业结构，让村民能够从梯田耕作中获得实实在在的利益，他们才会留在村里继续延续上千年的梯田稻作。只有梯田稻作继续运转，才能够让哈尼族传统村落得到保护，并在新的条件下获得新的发展。

（四）从"整体性原则"出发加强哈尼族传统村落的保护与发展

哈尼族传统村落不仅仅只是指村落中的蘑菇房等传统民居，寨神林、磨秋场、秋房、水井、沟渠、道路等基础设施，还包括了哈尼人耕种的梯田以及建基于梯田稻作农耕基础上的传统节日、婚丧嫁娶、衣食住行、宗教信仰、民俗活动等民族文化，同时涵括了传统村落中的生态环境与自然环境。因此，哈尼族传统村落的保护与发展必须秉持"整体性原则"。

第一，我们应该深刻地认识到，民族文化的传承发展是哈尼传统村落保护发展的灵魂。毋庸置疑，哈尼族传统文化是建基于传统梯田稻作之上而逐渐发展形成的农耕文化。随着稻作生产在村民经济收入中比重的下降，这种传统农耕文化也随之在发生变迁。以哈尼族的传统节日矻扎扎节为例，其举行时间恰在稻谷打苞、抽穗、扬花、灌浆之前，因而有着预祝谷物丰收的农耕文化色彩。节日期间，人们要翻盖秋房，为天神准备马料，并由咪谷等人祭献磨秋、秋千。但是在很多哈尼族村落，秋房均已建成了水泥平顶式样的，每年人们仅仅只是象征性地往平顶上薄薄地铺一层稻草而已。传统秋房非常神圣，里面不能摆放杂物，但部分哈尼族村落中的秋房里却摆放了杂物，调查中发现有村民在秋房里堆放农家肥，甚至连棺材板也堆在里面。可见，由于稻作生产重要性的下降，红河南部哈尼族村落的传统农耕文化已发生变迁。如果任由传承千年的哈尼族传统文化消失，哈尼族传统村落也将失去灵魂，传统村落的保护与发展显然也不可能实现。

第二，我们在保护和发展哈尼族传统村落时，不仅应该重视"硬的"方面即传统民居的保护发展，更应该重视"软的"方面，即哈尼族文化的传承。只要资金充足，传统民居的保护就容易实现，但传统文化的传承并非易事。生活方式的改变，青壮年大量外出务工，农村"空洞化"，已经给哈尼文化的传承带来了威胁。如果对这个问题不够重视，哈尼族传统村落保护的就只是一具失去了"血肉"的空壳。

第三，我们还应该重视哈尼族传统村落的生态环境与自然环境问题。近年来，生活在村落里的村民正消费着越来越多的外来商品，从而给村落带来了大量的垃圾。这些外来的垃圾极大地破坏了村落原有的自然环境。在哈尼族传统村落的保护发展过程中，不能仅限于传统民居、传统民族文化的保护，同时还应对村落自身与周围环境所形成的几近完美的协调关系进行保护。在具体的保护过程中，应重点关注村落与周围的山和水保留至今的协调关系的保护。只有如此，方能彰显哈尼族传统村落的和谐之美。

（卢鹏：红河学院教授、民族学博士、云南民族大学硕士生导师）

哈尼族自然崇拜与梯田文化可持续发展

徐义强

  2017 年 8 月 23—28 日，我有幸参与"云南社科专家红河南部行"调研咨询活动，主要在金平、元阳实地调研，后又在蒙自与其他专家交流、探讨。对于我而言，这是一次非常难得的学习之旅。在这次调研中，由衷地感谢各级政府和组织单位大力地支持，细心地安排行程，更感谢张红榛研究员对我所承担的调研专题提出宝贵建议。我虽然到哈尼族地区调查已很多年了，但每一次去都有不同的感受。在这次调研中，我有幸与云南省社科院民族研究所有着 30 多年哈尼族研究经验的王清华老师分在一个小组，他常常挂在嘴边的一句话让我记忆深刻："哈尼族人民对我太好了！"联想起我自己与哈尼族之间的来往，又何尝不是呢？每一次在哈尼村寨，勤劳而淳朴的哈尼人包容我的无知，理解我的莽撞。每一次在哈尼村寨，老摩批不厌其烦地回答我的提问，无私地提供民间知识，这一切怎能不让人感动？作为一个来自江南的汉人，作为一个异乡人，我与一个古老神奇的民族结下了不解的缘分。

  这次我承担的调研专题是"哈尼族自然崇拜与梯田文化可持续发展"，与其他课题有所不同的是，这个课题更多的属于基础性研究而非对策性研究。在调研的短短几天，是很难遇见哈尼族与自然崇拜有关的仪式和宗教活动的。因此，这项研究需要较长时间的积累和追踪，更需要借助各种文献材料。由此，本文集中于阐述自然崇拜与梯田之间的关系，而无法提出太多对策建议。以下所仓促写成的这篇汇报，于博大精深的哈尼族宗教信仰而言，远还不成熟，只能说是一点心得，敬请各位批评指正。

一、哈尼梯田历史与概况

  位于云南红河南部的哈尼梯田历史悠久，源远流长。据汉文字史料记载就有 1 300 多年的历史，明代著名的大农学家徐光启就将哈尼梯田列为中国农耕史上的七大田制之一，称为"世外梯田"。公元 12 世纪，南宋著名诗人范成大在游历梯田美景后写道："仰坡岭坂之上，沟壑之间，漫山遍野皆田，层层而上，至顶，名梯田。"

哈尼族自古以来就有耕种梯田的传统，据中国最古老的史书《尚书》记载，早在 2 300 多年前的春秋战国时期，哈尼族先民"和夷"在其所居之"黑水"（今四川省大渡河、雅砻江、安宁河流域）已经开垦梯田，进行水稻耕作。后为躲战乱，唐代定居元江南岸哀牢山区，据唐代樊绰所著《蛮书·云南省内特产》描述"蛮治山田，殊为精好"，证明 1 200 年前哈尼族的梯田耕作已有相当高的水平。

在哈尼族古老的《天地人的传说》中说：大鱼创造了宇宙天地和第一对人，男人叫直塔，女人叫塔婆。塔婆生下二十二个娃，其中老三是龙，龙长大以后到海里当了龙王，为感激塔婆的养育之恩，向塔婆敬献了三竹筒东西，其中一筒里盛有稻谷种。也就是说，哈尼族人认为，自开天辟地以来便有了稻子。这说明哈尼族人是最早驯化野生稻的民族之一，水稻种植是哈尼族人古老的生产内容。千百年来，哈尼族将哀牢山区三江流域的野生稻驯化为陆稻，又将陆稻改良为水稻，在得天独厚的生态环境中，使三江流域成为人类早期驯化栽培稻谷的地区之一。

哈尼梯田是在上千年的开发、垦植中，利用"一山分四季，十里不同天"，"山有多高，水有多高"的特殊地理气候同垦共创的梯田农耕文明奇观。哈尼梯田呈现森林—村寨—梯田—水系"四素同构"的良性循环农业生态系统，创造出"山间水沟如玉带，层层梯田似天梯"的人间仙境，细细分析，这其中蕴含着中华传统文化中最宝贵的价值——强调人与自然的高度和谐。因此，哈尼梯田是哈尼族传统人居环境和农耕文化的典范，是人类农耕文化的杰作和世界农耕史上的奇迹，被联合国教科文组织誉为世界级的品牌。红河州政府一直致力于宣传保护这一重要的人类遗产，并做出了不懈努力。梯田保护取得重要的进展，其中代表性的事件有：2007 年，国家林业局正式批准红河哈尼梯田为国家湿地公园，成为云南省第一个国家级湿地公园；2010 年，"哈尼稻作梯田系统"被联合国粮农组织正式列入全球重要农业文化遗产；2013 年 5 月 3 日，红河哈尼梯田被国务院列入第七批全国重点文物保护单位；2013 年 5 月 21 日，红河哈尼稻作梯田系统入选首批中国重要农业文化遗产；2013 年 6 月 22 日，红河哈尼梯田在第 37 次世界遗产大会上通过审议，被正式列入世界遗产名录。

哈尼梯田还是一个多元文化体系，与物质文化相对应，其博大的非物质文化遗产让世人瞩目。梯田就像一部无声的巨型史诗，形象地展示了哈尼先民在与自然和社会顽强抗争、繁衍生息的漫长历史。代表哈尼梯田历史文脉的哈尼四季生产调、哈尼多声部民歌、哈尼哈巴、红河乐作舞、祭寨神林等先后被列入中国非物质文化遗产名录。如今，这个祖先留下来的千年活态遗产为越来越多的人所关注，名气越来越大，驰名中外，影响力持续扩大，成为全人类的文化瑰宝，值得我们永远珍视和守护。因此，学术界认为，守护好哈尼梯田，就是守护绿水青山，就是守护我们美丽、永恒的家园。

二、哈尼族梯田耕作的自然崇拜及宗教信仰体系

按文化人类学的学科理念，文化大体上可以分为"可观察文化"（observable culture）和"不可观察文化"（unobservable culture）。按文化内涵来划分，文化可分为"物质文化"（material culture）、"伦理文化"（ethnical culture）、"表达文化"（expressive culture）。在哈尼族文化体系里，宗教祭礼属于文化的表达层面，"表达文化"关注一个群体的意识层面和精神层面。顺理成章，对于某一个社群中宗教层面的研究，将可以弄清楚该群体一些集体无意识积淀的东西，也可以说是一个较高层面上对社群的研究。

而对于哈尼族人而言，各种叫魂、驱鬼、献饭仪式则有着重要的意义。据初步估计，一年之中，哈尼族人在宗教仪式中度过约五分之二的时间，每一个季节每一个月份都有不同的祭礼和农业礼仪（一个典型的哈尼村寨一年中主要有矻扎扎、昂玛突——祭寨神、开秧门、祭鬼、里玛主、喝新谷酒、献新米、祭火神、十月年等仪式）。就个人来说，各种人生礼仪如出生礼仪、成年礼仪、婚姻礼仪、丧葬礼仪则伴随着每一个哈尼族人的一生，他们在仪式里出生，在仪式里离开人世间。

哈尼族人的宗教信仰依然是以其原生的民俗信仰为主体。从学理层面上对哈尼族原生的宗教略作瞭望，哈尼族宗教信仰起源较早，属于人类宗教的早期范畴。它以万物有灵为信仰基石，朴素地认为凡天地万物——太阳、大地、草、木、花、鸟、兽都是具有灵性的。也就是说，它把世间万物都加以人格化。在此基础上，认为灵魂又是不灭的、永恒的，万物（包括人在内）有生有长，有灭有终，然而它们的灵却是永久存在的。哈尼族宗教信仰以自然崇拜、神灵崇拜、鬼神祭祀、祖先崇拜等为主要内容，以敬神、招魂、驱鬼为表

109

现形式，以天地崇拜、祖先信仰、鬼神祭祀、招魂打卦、驱鬼迎神等为特色，在此基础上，形成了独特的灵魂、鬼怪、神仙观念体系。

哈尼族的自然崇拜至少包括以下方面：天地崇拜、日月星宿崇拜、雷电风火崇拜、山岳石头崇拜、树崇拜。与人类生产相关的，如开山，要祭山神；引水，要祭水神；栽秧，要祭秧神；割谷，要祭谷神。哈尼梯田农耕所形成的各项民俗文化是哈尼族人创造的文化遗产，在四季生产中体现了天人合一的理念，在有形的物质生产中创造出了无形的文化内涵。从春季的育苗、撒秧、插秧到夏季的祭祀田神、唱山歌、端午节粽子先喂牛以及矻扎扎祭祀，再到新米节、十月年和昂玛突，这些年节都深深包含着自然崇拜的影响。

红河哈尼族所在地理环境一般是高山，以梯田耕作为主。由于大自然的气候变化与农业活动息息相关，因此对大自然的崇拜比较常见。

哈尼族人对天地的崇拜主要表现在对天神、地神的崇拜。天神在哈尼语中称莫咪，是最大的神和人间的主宰。威嘴和石批是莫咪天神之下直接与农耕有关的两个次一级天神。

哈尼族人对天神的祭祀一般是在寨神林附近，全村都参加。祭品主要是公鸡。祭祀时全村对天神磕头叩首，并把公鸡煮成一大锅粥。全村每家每户分回一碗鸡肉稀饭，从此得到天神的保佑。

哈尼族人对地神的崇拜也非常重视。地神在哈尼语中称为咪牧。祭品一般是肥猪、公母鸡各一只。祭祀地点在村口。宰杀祭献之后，除祭司和长老就地共食外，其余各户分配，以得到地神保护，五谷丰登。

红河哈尼族人祭寨神林时间一般是在农历二月属牛或属龙的日子，各户有一个男性成年人为代表，祭祀期间女性严禁参加。祭祀地点即在村寨后的森林，事先选好一棵枝叶茁壮的古树作为神的标志，由村寨祭司摩批和头人咪谷主持，念诵祝词，宰杀牺牲，家家户户要舂糯米粑粑、染黄米饭和红蛋，祭祀寨神。哈尼族人视森林如生命，每个寨子在建寨时，都要选一片蓄养水源的森林作为树神保护，并且每年都要进行一次祭献，祈求树神保佑村人平安，五谷丰登，六畜兴旺。建寨之后，也要在寨子周围种树，美化环境。哈尼族人认为，在茂密的森林中有神灵栖息。在每个寨子的后面，必定有寨神林，是寨神的栖息之地。这是极为神圣的地方，不能在此随便放牧、砍伐，也禁止在寨神林里打猎、捕杀。

在哈尼族歌谣《梯田的起源》里，谈到栽种时这样说："谷种要到泥的世界去叫爹，谷种要到水的世界去叫娘。"歌谣把谷种进行了人格化处理，把物赋予灵性，反映的是一种典型的自然崇拜。"谷种落地却难以生根，水口摩咪之上是否有怪物，拿着祭田神的糯米饭，要去祭献水口摩咪之上的怪物；拿着祭田神的糯米饭，要去祭献水口摩咪之上不好的怪物。"这告诉我们，在播种之前，先要祭祀水口田神。"秧姑娘还要托舅舅的福，秧姑娘不托舅舅的福不行，因为天神要寻找倒冰雹的地方，冰雹会砸毁我们的秧苗。""秧姑娘要托福，没有姑妈不行，秧姑娘托福需要姑妈，请到秧田边上再插一根竹竿，秧田边上已插上一根竹竿，秧姑娘有了托福的姑妈。"这里是赋以秧苗生命和灵魂，通过自然崇拜，祈祷消除自然灾害并茁壮长大。类似人要举行叫魂仪式一样。因为我们知道在哈尼族社会里，舅舅享有极大的权威，而人在叫魂祈祷健康的时候，一定要请姑妈到场。从某种意义上，哈尼族人种田已不单单是物的生产，而是一套完整的文化知识系统，梯田耕种充满信仰和情怀。

哈尼族梯田耕作时很重要的仪式是开秧门，这个习俗意为开始栽秧。在开秧门时，农妇准备栽种仪式，右手拿着祭礼糯米饭，祭祀开田鼻祖美翠贞女。全家挑选吉日来到田里，用一对熟鸡鸭蛋祭田神。由家中主妇栽下第一颗秧苗，一边栽种一边唱："天门开了，地门开了，河坝傣家已经开秧门了，大地方的汉族开秧门了，阳春三月不开的门没有了，不过晌午要栽完，太阳不落就收工，栽秧快如鸟儿飞。"主妇栽下第一颗秧苗后，要快速向田脚方向奔跑，寓意这样才不会误农时。同时还有打泥巴仗的习俗。此外，家旦要用糯米粑粑、黄米饭、泥鳅和红蛋祭祀祖先神社稷神。而更别有趣味的还有哈尼族人为水稻举行的招魂活动，哈尼语是"康拉枯"，要杀一对鸡鸭为祭品，另外准备水冬瓜树、柳树、蒿树，分别代表人、粮、畜，以此求得丰收不受害虫侵扰。

哈尼六月节与梯田栽种节令相关，选在六月属鼠日举行，全村杀牛，各家祭祀祖先，同时进行打磨秋活动以预祝风调雨顺，五谷丰登。哈尼尝新节在农历七月稻子七成熟时开始。从田里采一把稻穗炸出米花，第一把要给狗吃，并献祖先神和招谷魂回家。据说哈尼族祖先曾经遭遇断种的困苦时侯，是一条狗叼回来一束谷种，哈尼族人才得以解困。所以，现在的哈尼族人为了感谢狗对于本族人繁衍的功劳，在每年尝新节时，都要把新米先喂给狗吃，之后人才能吃。尤其是姓杨的人家，传说他们的祖先是喝着狗奶长大的，为了感激狗，规定后辈不得吃狗肉。

这些自然崇拜、万物有灵的思想，是哈尼梯田可持续发展的重要因素。千百年来对天地万物的敬畏膜拜，梯田，正是天、地、人、神的统一。

三、哈尼族自然崇拜与梯田文化可持续发展

（一）哈尼族自然崇拜信仰体现了人与自然和谐的理念

哈尼族人对天神、地神、水神、田神等虔诚祭拜，在农业实践中，以大自然为守护神，绝不会做出有损于环境的事情。例如，他们将森林细分为寨神林、村寨林、水源林，这些树林除了定期祭祀，决不允许随意砍伐。千百年以来，他们敬畏自然，不向自然过度摄取。可以说，哈尼族人与自然环境保持着一种和谐相处的状态。梯田既是人文景观，也是自然景观，体现了当地百姓与自然和谐共融的独特创造力。

哈尼族对以梯田为轴心的生态环境的认识、水资源管理利用、精耕细作的农耕技术，以及关于自然树木崇拜、民居建筑、节日庆典、人生礼仪、服饰、歌舞和文学诗歌均以梯田农耕为核心，处处体现着认识自然、顺应自然、与大自然和谐共融的特点。哈尼梯田是哈尼族人民与哀牢山大自然相和谐、互促互补、天人合一的人类大创造，是文化与自然巧妙结合的产物。

（二）哈尼族自然崇拜信仰的力量是梯田永葆生命力的重要源泉

在这次"云南社科专家红河南部行"活动中，我们在访谈中深深感到哈尼族人对传统信仰的坚守。例如，绿春县有一个村寨移民搬迁之后到了平地，没有了梯田，那个村寨在年节时都要在花盆里单独栽种稻谷，并且是祖祖辈辈传下来的老品种，种这一点谷子的目的就是祭祀谷神。哈尼族人认为，用买来的谷子祭祀，祖先是不爱吃的，只有自己栽种的，祖先才接受。仅此一细小的实例，可见哈尼族人传统信仰的力量与他们对传统信仰的坚持。而这种信仰的力量正是梯田永葆生命力的重要源泉。这些自然崇拜、万物有灵的思想，是元阳梯田永不破败之所在。

如果没有哈尼族人数千年历史进程中始终如一地对天地的虔诚膜拜，对森林的膜拜，对天地万物的尊崇，如果没有一年一次的祭树神以警示，哈尼梯田还能延续千年吗？

（三）哈尼族自然崇拜信仰是梯田可持续发展的重要力量

著名的人类学家李亦园在《宗教慰藉与社会文明》一文中说："宗教信仰之所以如此古老而又普遍存在于人类社会之中，是因为宗教对人类社会的存在有重要的功能意义，宗教不但给人们在忧患挫折中得到慰藉与寄托，同时也给

与人群作为整合团结的手段，而更重要的是宗教崇拜的对象是人类对自己、对社会、对宇宙存在的一种目标。"同样，我们也可以说，自然崇拜对于哈尼族人民有着重要的功能意义，也是哈尼族人作为整合团结的手段。红河哈尼梯田作为世居民族赖以生存的生产和生活资料，是维持社会经济持续的基本资源，是梯田可持续发展的重要力量。

哈尼族与宗教相联系的人文活动有效地沟通了人和自然、人和人的关系，深深地烙上了梯田农耕文化的印记，梯田稻作文化成了哈尼族传统文化的根本所在。红河哈尼梯田的人文景观蕴含着人与自然和谐相处的智慧与理念，包含着敬畏自然、顺应自然的"天人合一"的哲学思想，堪称农耕文明与少数民族传统文化的完美融合，也是人类智慧与农业景观的完美融合。

哈尼族人民以尊重自然的态度创造出哈尼梯田，同时塑造了共同的价值观和认同基础；没有哈尼梯田，就没有哈尼族人，梯田成为维护社会凝聚力的物质和精神依托。在全球化背景下，红河哈尼梯田中所体现出的人类与自然和谐共处，将为我们保护环境提供一个极好的典型范例。

（四）问题与建议：加强红河哈尼梯田文化系统立体性保护的必要

通过以上介绍，我们认为，均衡的梯田村寨结构、壮阔的梯田美景与丰富的农业民俗仪礼一道构成了哈尼梯田独特的文化系统。梯田规模宏大、连接云天，是一项以天地为底的艺术杰作，哈尼族人因此被认为是"大山的雕刻家"。同时，在漫长的历史长河中，在长期梯田耕作过程中，哈尼族人创造了独具特色的文化系统，如神话传说、哲学思想、宗教祭礼、史诗歌谣、节日庆典、人生礼俗等，尤其是产生了大量与农耕活动相关的农业民俗仪礼、祭祀活动和节庆活动，如农耕历法：梯田农事历法；农耕节庆：开秧门（哈尼语：卡额朋）、祭寨神（哈尼语：昂玛突）、六月节（哈尼语：矻扎扎）、尝新节（哈尼语：车拉枯）、十月年（哈尼语：扎勒特）；农耕歌舞：哈尼族四季生产调、栽秧山歌、哈尼族乐作舞。因此，红河哈尼梯田是一个活态的农耕文明的天然博物馆。

但是，在全球化语境下，民族传统文化正面临逐步消失的危险，哈尼族传统文化的传承已面临着越来越严峻的形势，主要表现为：一是全球经济一体化的加速和信息化的迅猛发展，哈尼族文化受到强势文化巨大的冲击。二是由于哈尼族没有自己的传统文字，文化的传承只能通过以哈尼祭司为主的文化传承人口耳相传的方式流传于世，尤其是摩批等。有人说，一位摩批可能就是一座活态博物馆。而这些文化传承人中的老者正在不断地离开人世，传统文化将随之逐渐消失。与之相伴随而来的，还有乡村文化的变迁引发的农业文化遗产濒临灭绝的紧迫感。很多传统的手工艺技能、稻作技能为有着丰富农作经验的老农所拥有，是长年累月的积累，更是代代相传的结果。而现在的年青一代对古老的农作不感兴趣，导致一些口述的无形文化遗产，如古老的农谚、栽秧歌等后继乏人，面临灭绝的危险，由此出现了文化传承"空心化"的现象。

有鉴于此，我认为在梯田发展保护过程中，我们应该重视对梯田的多维度、多层次保护。也就是说，除了对梯田物质层面的保护，还需要加强对与梯田有关的民间文化传承的保护。或者说，当梯田物质层面的保护已经取得一定成绩之后，下一步我们应该着重思考的是如何从更高一个层面来实现梯田的立体性保护，从而使梯田保护获得长久的生命力。

参考文献：

[1] 元阳县人民政府. "云南省社科专家红河南部行"——元阳县调研相关材料［R］. 2017 – 6 – 22.

[2] 金平县人民政府. "云南省社科专家红河南部行"调研咨询活动相关资料［R］. 2017 – 6 – 22.

[3] 元阳县民族宗教事务局. 祖先的歌谣［M］. 昆明：云南民族出版社，2016.

[4] 史军超. 哈尼族文化大观［M］. 昆明：云南民族出版社，1999.

（徐义强：红河学院人文学院副教授、中山大学人类学博士、加拿大麦吉尔大学东南亚民族研究所博士后）

红河哈尼梯田保护与发展的思考

杨沙斗　李制聪

红河哈尼梯田有 1 300 多年的开垦历史，主要分布在红河、元阳、绿春、金平 4 县，总面积达 82 万亩，它呈现出森林—村寨—梯田—水系"四素同构"的生态系统，形成以梯田为核心的农耕技术、民俗节庆、宗教信仰、歌舞服饰、民居建筑等梯田文化，体现了人与自然和谐相生的生存智慧，是世界农耕文明的典范，是中华民族悠久灿烂文化的重要篇章，是全人类共有的宝贵遗产。红河哈尼梯田于 2013 年 6 月成功列入联合国教科文组织世界文化遗产，除此之外，还先后获得联合国粮农组织全球重要农业文化遗产、中国重要农业文化遗产、国家湿地公园、全国重点文物保护单位等诸多荣誉。同时，代表梯田农耕历史文脉的哈尼四季生产调、红河乐作舞、哈尼族多声部民歌、哈尼哈巴、祭寨神林等多项农耕文化项目列入国家级非物质文化遗产名录。

红河哈尼梯田申遗的成功，给梯田发展带来机遇的同时，也给梯田保护管理工作带来诸多挑战，面临着梯田水源减少、农村劳动力减少、灌溉沟渠年久失修、部分梯田改种其他作物等问题。

一、哈尼梯田保护发展现状

元阳、红河、绿春、金平 4 县人民政府及其相关部门严格按照《红河哈尼梯田保护管理条例》及其实施办法、《关于加强世界遗产红河哈尼梯田保护管理的决定》等相关法律法规，严格执行《世界文化遗产公约》和《中华人民共和国文物法》，采取强有力的措施，对元阳县坝达、多依树、老虎嘴，牛角寨片区，红河县甲寅、撒玛坝片区，绿春县腊姑、桐株片区，金平县阿得博、马鞍底片区"四域十片区二十万亩"梯田进行重点保护管理。

（一）不断健全哈尼梯田保护管理机构

目前，元阳、红河、绿春、金平 4 县哈尼梯田管理机构已基本健全，并且均已加挂国家湿地公园管理局牌子，全面负责哈尼梯田日常保护管理工作。

115

2007 年 8 月成立红河州哈尼梯田管理局，名为红河州世界遗产管理局，2015 年 12 月成立红河哈尼梯田保护管理委员会，负责对红河哈尼梯田保护利用重大事项进行协调研究和决策。2008 年 5 月成立元阳县哈尼梯田管理局，2016 年 4 月升格为世界遗产哈尼梯田元阳管理委员会（副处级单位），管委会主任由县人民政府县长兼任，设 1 名专职副主任。2011 年 10 月成立金平县中国·红河蝴蝶谷和哈尼梯田管理中心（正科级单位），2016 年 12 月更名为金平县哈尼梯田管理局。2013 年 1 月成立绿春县哈尼梯田管理局（正科级单位），与县文体广电局实行"两块牌子，一套人马"。2017 年 1 月成立红河县哈尼梯田管理局（正科级）单位，为单列的事业单位。

（二）强化哈尼梯田保护法律法规建设

红河州委、州政府先后颁布出台了《红河哈尼梯田保护管理办法》《红河哈尼梯田保护管理规划》《云南省红河哈尼族彝族自治州哈尼梯田保护管理条例》《关于加强世界遗产红河哈尼梯田保护管理的决定》《红河哈尼梯田保护管理条例实施办法》等条例与指导性文件，正在编制《红河哈尼梯田保护利用总体规划》以及元阳、红河、绿春、金平 4 县哈尼梯田保护管理控制性规划。持续推动哈尼梯田法律法规体系建设，为哈尼梯田保护管理提供法律依据和保障。

（三）大力推进梯田水源林修复与种植

一是坚持遗产区生态环境恢复和建设工作，严格保护梯田周边森林资源。元阳县开展东西观音山林区综合整治工作，东西观音山被列入省级自然保护区，实施核心区生态植被恢复工程，在遗产区公路两侧义务种植树木 7 500 株，绿化遗产区道路里程 153.9 公里；绿春县对黄连山国家级自然保护区周边海拔在 1 800 米以上的荒山进行植树造林、实施退耕还林，并扩大水源林规模。二是实施新一轮退耕还林、荒山造林、封山育林、森林抚育等工程，对国有公益林、自营生态林实行补贴政策。在哈尼梯田保护范围内实施退耕还林 13 万亩，用于生态治理及修复的国家退耕还林项目补助资金 20 800 万元（其中：元阳县实施 2 万亩，资金 3 200 万元；红河县实施 2 万亩，资金 3 200 万元；金平县实施 4 万亩，资金 6 400 万元；绿春县实施 5 万亩，资金 8 000 万元）。实施人工造林 8.5 万亩，其中元阳县 0.5 万亩、红河县 4 万亩、金平县 2 万亩、绿春县 2 万亩。三是大力推广沼气、节能灶、太阳能等新型能源，逐步杜绝薪柴砍伐，保护森林资源。2017 年，元阳推广太阳能 750 台，红河 800

台，绿春910台，金平800台，合计15 213台，相当于节约标准煤4 890吨。2017年，元阳推广节柴灶600台，红河800台，绿春700台，金平700台，合计6 800台，相当于节约标准煤5 180吨，有效地保护了哈尼梯田周边的生态环境。

（四）持续推动传统民居保护与修缮

按照《红河哈尼梯田文化景观村庄民居保护管理办法》《红河哈尼族传统民居保护修缮和环境治理导则》，结合地域特点、资源特征和文化特色，对村落民居、水井、祭祀房、古树等具有文化价值、历史价值的景观进行保护和原生态修复，把美丽宜居乡村建设与传统民居保护相融合，严格执行传统民居建设审批制度，严格控制房屋层数、建筑面积、色彩格调和外观，逐步恢复传统民居风貌。元阳县投资3.1亿元实施了35个遗产区传统村落改造。截至目前投资完成1.89亿元哈尼梯田核心区15个传统村落改造工程，实行传统民居挂牌保护1 602户，哈尼小镇被列入国际水平特色小镇创建名录，箐口、阿者科、垭口、大鱼塘被列入中国传统村落目录，确保了传统民居的完整性和真实性；绿春县分批分年度规划和推进对遗产区周边8个村庄民居改造，注重古今结合，融入哈尼元素，逐步恢复"土坯房、茅草顶"的传统哈尼民居风貌，着力打造哈尼梯田旅游特色村。

（五）大力发展农业产业，守住稻作梯田

据调查，元阳、红河、绿春、金平"四域十片区"20万亩梯田无闲置放荒情况，有部分梯田存在水改旱情况。目前，元阳县有3 218.1亩水改旱梯田，涉及攀枝花乡、新街镇、黄茅岭乡等35个自然村1 430户农户；红河县有850.5亩水改旱梯田，其中：甲寅片区470亩、宝华片区380.5亩。绿春县有170亩水改旱梯田，金平县有15 600亩水改旱梯田。各县严格按照相关保护法律法规保护好梯田，通过挖掘梯田产业，提高梯田附加值，使老百姓增加收入，提高老百姓种田护田积极性。

一是积极推广传统优质稻种。根据地势、海拔、温湿度、土质等不同情况进行不同品种稻谷的试验推广，不断优化稻谷品种和提升稻谷的产量，增加粮农的经济创收。目前，红河县已完成2.5万亩生态红米示范种植，推广种植了"红稻8号""小蚂蚱谷""紫糯米"等优质稻种，实行统一规划，统一品种，采取与公司签订收购合同的方式，使广大群众愿意种田、种出效益；绿春县推广种植"红稻8号""闽红6号"等优质红米稻种，开展优质稻种的试验推广，不断优化稻谷品种和提升稻谷的产量，建立 2 万余亩生态红米种植基地。二是实施稻渔共作模式。2017 年，四县共投入资金 3 220 万元（其中：元阳县 1 600 万元、红河县 1 410 万元、绿春县 40 万元、金平 170 万元），用于哈尼梯田水稻综合种养模式的示范和推广。截至 2017 年底，累计完成稻田综合种养模式 14.335 万亩（其中：稻—鱼—鸭 13.285 万亩，稻—鳅 1.0435 万亩），投放鱼苗 692.71 吨、投放雏鸭 120.71 万只；印发技术培训资料 20 200 份，开展种养技术培训共 76 期 9 670 人。三是授权使用世界遗产标识，提高梯田产品附加值。元阳县粮食购销有限公司、红河县嘎他养殖专业合作社、绿春县玛玉茶厂、金平金岭生物瑶药开发有限责任公司等 13 家从事梯田系列产品开发的企业，在产品包装、营销中使用全球重要农业文化遗产、中国重要农业文化遗产、国家湿地公园 3 个标识，提升梯田产品价值，促进当地群众增收。四是发展梯田旅游，坚持"以旅带商、以商促农"的原则，结合精准扶贫，鼓励遗产区农户开办农家客栈、提供餐饮服务等，开发以梯田红米、梯田鱼、梯田鸭蛋等为主的农特产品，开发以刺绣、银器饰品为主的民族民间工艺制品，拓展提高梯田的多种功能和价值，带动遗产区群众发展梯田旅游服务业。五是对梯田种粮农户实行良种补贴、农资综合补贴等政策性补贴，提高群众种粮积极性，让梯田主人自觉保护梯田。

（六）抓好哈尼梯田水系沟渠修复建设

一是加大保护区水利工程建设。元阳县加快推进东观音山水库、中央财政小型农田水利项目建设，投资 7 027 万元在梯田景区新建和加固小型坝塘 16 个；绿春投资 5 000 万元实施了黄连山水库的除险加固项目。二是修缮扩建哈尼梯田灌溉沟渠。元阳扩建改造沟渠 105 条，治理水土流失面积 74.67 平方千米，实施农村饮水安全工程 82 件，水利化程度达 39%，解决了遗产区水田灌溉及 5 万余人的安全饮水问题，确保水资源永续利用；绿春县投资 1 100 万元，维修改造沟渠 33 条共长 1 385 千米。三是实施引水沟渠和蓄水工程，对梯田内部 72 条灌溉渠道进行修缮处理，结合梯田实际情况，对已有渠道进行生态修复，通过修建供水联通工程、蓄水工程、五小水利工程等水利工程，增加梯田旱季供水量，让梯田水源四季不断。四是加快水源机制建设。要加强哈尼梯田水利工程管理，保证工程完好和安全，充分发挥哈尼梯田核心区水利工程的防洪、排涝、灌溉、供水等综合效益，保护管理好哈尼梯田世界文化遗产。通过各种形式引导保留、传承延续千年的木刻分水法等民间水资源管理办法，确保哈尼梯田永不缺水、断流及变成旱田，打造哈尼梯田的"人工蓄水库"。

（七）深入挖掘展示传统民族民间文化

一是保护好哈尼族的"五节一宴"，即"昂玛突""开秧节""矻扎扎节""新米节""十月年"和"长街古宴"，着力推出原始宗教、哈尼歌舞、长街古宴、民族节庆等民俗文化品牌，鼓励民间按照传统习俗开展活动。元阳县世界文化遗产区公路沿线有45个村，共有水碾8个、水磨24个、水碓1个、磨秋场33处、水井243口、祭祀房47个、寨门19个、寨神林61片，所有村落都开展长街宴、矻扎扎节、新米节、十月年等节庆和民俗活动。二是重视民族文化的挖掘、整理、保护和传承。组织开展民族民间文化普查工作，充分挖掘民间的贝玛、稻作文化内涵，搜集整理山歌、酒歌、民族乐器等民间艺术。元阳县《哈尼古歌》惊艳米兰世博会，《哈尼交响·欢乐新春》专场音乐会在国家大剧院音乐厅成功上演，成功举办"开秧门"实景农耕文化节活动，有效地促进了民族文化的保护和传承；绿春县组织创作了《闹宴》《吧鲁吐》《跳鼓舞》等一批具有本土民族特色文艺精品力作，其中哈尼舞蹈《闹宴》被评为第七届云南文化精品工程奖，并获得国家艺术基金2014年度舞台艺术创作资助项目；彝族歌舞《跳鼓舞》获得2016年云南省群众文化彩云奖金奖和红河州文艺汇演白鹇奖；《苏咪依》获得红河州文艺汇演白鹇奖。三是做好非物质文化遗产申报、保护与开发工作。元阳县建立县级非物质文化遗产项目8类96项、县级非物质文化遗产项目26项，有非遗传承人121人，《哈尼族四季生产调》被列入国家级非物质文化遗产。绿春县共有省级非遗项目名录6个，州级非遗项目名录12个。四是组建哈尼梯田文化传习馆和民族文化传承文艺队。元阳县成立哈尼梯田文化传习馆，有350支民族文化传承文艺队；红河县成立哈尼梯田文化传承学校；绿春县组建了哈尼文化研究所、哈尼文培训学校、哈尼文化传承学校（中心）、哈尼梯田文化中心、民族文化工作队、民族民间艺术团。加大民族文化和民族手工艺传习人和继承人的保护，积极开展文化传承人培训，切实做好文化传承人的"传帮带"工作。

二、存在的困难问题

随着红河哈尼梯田知名度的不断提高，梯田旅游快速发展，给哈尼梯田带来发展机遇的同时，也给哈尼梯田保护带来巨大压力，尤其对"森林—村寨—梯田—水系"四素同构生态系统及当地民俗文化带来强大冲击，保护区群

119

众受外来思想文化影响大，谋生方式不断多元化，保护区成为社会舆论、多种利益和矛盾的聚集点。哈尼梯田的保护与发展面临诸多问题。

（一）遗产区脱贫攻坚任务艰巨

元阳、红河、绿春、金平4县均为国家级贫困县，贫困程度深、贫困面广，贫富差距较大，特别是青壮年外出务工人员较多，耕种梯田的大多数是老年人，给实施精准扶贫、增加群众收入、按期脱贫摘帽带来一定难度。虽然近年来通过实施一系列精准扶贫政策，取得了长足发展，但是由于投入不足，基础脆弱，产业支撑不足，需要进一步加大投入，尽快改善基础设施，培育优势产业，确保如期实现脱贫摘帽目标任务。

（二）梯田灌溉水源减少，沟渠不畅通

近年来，由于气候变化等各种因素，各地方都出现水源减少的情况，很多"龙潭水"（小坝塘）出现变小甚至断流的现象，很多沟渠受泥石流等自然灾害的破坏，年久失修，导致部分梯田无水灌溉，因此农户不得不改种蔬菜、玉米、黄豆、甘蔗等其他作物。元阳县随着旅游业的发展和人口的增加，哈尼梯田核心区部分村寨出现缺水状况，难以满足居民生产生活用水需要。

（三）传统耕种模式经济收益偏低

梯田耕作程序繁多，劳力付出很大。从犁田、耙田、捂秧、散秧、育秧、拔秧、栽秧、薅秧、把秧、收割到打田埂、铲埂子、护水等，每一道程序都需要精心付出，某个环节出差错，便会面临收获无望的困境。加之梯田均在山区，山高坡陡，田间小路崎岖不平，交通不便，给出入劳作和收获带来极大的困难。而且大部分梯田都是单一地种植水稻，亩产量约1000斤谷子，每斤谷子市场价2元左右，亩产价值2000元左右。以耕作10亩梯田的农户为例，耕作一年收入20000元，如果选择出去务工，一年收入远比20000元高。因此，很多农户种田积极性不高，特别是年轻人，几乎都选择进城务工。

（四）以梯田为轴心的传统文化面临断层

现代文明、外来文化和生产生活方式的不断转变，直接影响着哈尼族民俗民风的延续和民间文化艺术的传承。农村群众会唱古歌、会跳哈尼乐作舞的人越来越少，非物质文化传承人老龄化日益严重且人员逐步减少；一些依靠口传心授方式加以传承的文化遗产正在不断消失，很多优秀的民族民间文化面临消亡的危险。

（五）种田劳力老龄化，农耕技术面临失传

近几年，由于经济社会的发展，就业方式和谋生手段呈现多样化，外出务工人员增多，大部分梯田耕种主体已经是中老年人，年轻人很少耕种梯田，传统梯田耕作管理模式如"护沟人"、木刻分水法、冲肥法、护林员等传统体制逐渐改变或消失，很多年轻人不会犁田耙田，农耕技术面临失传的危险。

（六）传统民居保护难度大，群众违规建房现象时有发生

哈尼民居为土坯房、茅草顶，根据气候特征依山就势而建。但随着经济社会发展及受现代生活的影响，传统民居建筑工艺和技术成本高，而且没有厨房、卫生间等配套设施，不适应现代生活需求。越来越多的哈尼人放弃了传统民居建筑方式，转而建盖现代的钢筋水泥房，传统民居逐渐减少，村庄异化现象比较突出，保护传统民居风貌压力增大。元阳县遗产区82个村庄群众建房修房需求增大，乱搭乱建，破坏梯田周边生态环境的现象时有发生。

（七）梯田管理相关部门尚未形成齐抓共管的局面

红河哈尼梯田是以农耕为主题的活态遗产，梯田核心要素森林、村寨、梯田、水系、文化等保护工作涉及农业、林业、水利、国土、住建、文化、扶贫等多个部门，哈尼梯田的整体性保护需要各相关部门达成共识，形成合力才能推动，而目前各部门在履行职责、协调配合、项目倾斜、主动开展工作等方面还需进一步加强。

（八）保护管理资金投入不足，影响梯田整体性保护

当前哈尼梯田保护投入主要以政府性投入为主，尚未建立多元化的保护管理资金投入机制，缺乏规范化、标准化、制度化、科学化的保护管理体系，在农户补助、沟渠修缮，产业发展、宣传教育、民居保护等方面资金投入少，缺口大，影响了哈尼梯田的整体性、系统性和真实性的保护。

三、对策和建议

针对当前存在的困难和问题，结合红河哈尼梯田保护发展工作实际，提出如下对策建议：

（一）助推产业发展，增加百姓收入

一是大力发展稻渔综合种养产业，以目前开展的元阳县新街镇大鱼塘村全国稻渔综合种养、红河县与中国淡水渔业研究中心合作实施的'政府＋企业＋科研院所＋养殖户"稻渔共作为示范点，以点带面，向其他区域大力推广

"稻—鱼—鸭""稻—鱼"共作模式，改变老百姓单一种植水稻的模式，打破经济收入单一的局面，从而不断提高百姓收入。二是加大传统优质稻种推广力度。根据元阳、红河、绿春、金平4县不同地方的地势、海拔、温湿度、土质等情况进行不同品种稻谷的试验推广，不断优化稻谷品种、提升稻谷产量，增加红米种植面积，提高产值。三是继续向元阳、红河、绿春、金平4县生产梯田系列产品的企业授权使用世界遗产标识，通过鼓励企业申请、评审，对符合《世界遗产标识使用管理办法（试行）》中相关规定的企业允许他们在其产品包装上使用全球重要农业文化遗产、中国重要农业文化遗产、国家湿地公园的标识，从而提升产品文化品牌，提高梯田系列产品附加值，促进百姓增收。四是制定梯田承包人补偿办法，建立梯田资源补偿机制，每年给予遗产区内水稻种植农户一定的资金补助，不断提高群众种田、护田的积极性，确保农田的耕种性质和面积不变，让农耕技术更好地延续。

（二）修建水利灌溉设施，保证梯田水源

一是州、县管理部门主动向上级汇报，通过专家评估论证等形式，争取在遗产区适度修建水利设施。水务部门积极向上级争取项目，为修建水库、坝塘，修缮灌溉沟渠提供资金支持，解决哈尼梯田"水改旱"的燃眉之急。通过修建供水联通工程、蓄水工程、五小水利工程等水利工程，增加梯田供水量，保证梯田水环境与人类生活环境和谐发展。二是设立哈尼梯田灌溉沟渠维修资金。州、县政府设立哈尼梯田灌溉沟渠维修专项资金，由州遗产管理部门统筹协调，根据各县保护修复沟渠的需要，每年给予一定的专项维修资金，确保梯田灌溉沟渠畅通无阻。三是聘请专人管理梯田水系。实行沟渠管护村民自治，恢复推行传统的"护沟人"制度，把农田水利设施的维修保护列入《村规民约》。在保护区内，每个村子聘请一名"护沟人"（沟长），专门对沟渠、水源进行保护管理。四是扩大水源林的种植面积，推进绿色水库的建设。

（三）抓好植树造林，保护生态环境

一是加大遗产区退耕还林、植树造林力度，选用桤木（水冬瓜树）等固土保水能力强的乡土树种改造退化森林，以达到涵养水源、改善梯田周边生态景观和防止梯田周边水土流失、控制减少泥石流、山体滑坡等自然灾害发生的目的；二是加强黄连山国家级自然保护区、分水岭国家级自然保护区、观音山省级自然保护区、阿姆山省级自然保护区的管理，彻底清除保护区内的草果等林下经济作物，使保护区发挥应有水源涵养机能和巨大的天然"绿色水库"

生态功能，为保护区周边梯田的水源供给及群众生活提供充足的水资源保障；三是梯田干渠两侧广植桤木等固土保水能力强的乡土树种，防止沟渠垮塌，为梯田供水提供保证。

（四）修缮田间小路，降低劳动强度

一是在不影响梯田原貌的情况下，适度修缮和改造田间主干道、田间小路、路边休息台，保证马匹、耕牛、摩托车能顺利通过，发挥现代交通工具在群众生产生活中的作用，解决劳动强度大，劳力投入多，产出效益低的现状。在保护区每一个村寨每年给予一定的修路经费，用于修路护路工作。二是实行耕牛养殖补贴。耕牛是耕种梯田不可缺少的得力助手，犁田、耙田均离不开耕牛，农户对耕牛有很深的感情。然而，目前大部分村寨耕牛数量减少，加之现在很多老人既要种田，又要养牛，劳力不够，养殖耕牛农户逐渐减少。为鼓励农户养殖耕牛，给予耕牛养殖农户一定的资金补贴。

（五）推进民居保护，留住传统风貌

按照保护优先、适度利用的原则，合理定位保护区周边村庄的建设方向和发展规模，以民居保护、治脏治乱、绿化美化为重点，引导群众建设哈尼民族风格的民居建筑，保护和恢复传统村落风貌，使村寨风貌与梯田文化景观相协调；认真落实《红河哈尼梯田文化景观村庄民居保护管理办法》和《红河哈尼族传统民居保护修缮和环境治理导则》，严格执行传统民居建设审批制度，严厉打击乱搭乱建，严格控制房屋体量、色彩格调和外观。

（六）挖掘梯田文化，传承农耕技术

一是加大传统文化的挖掘传承力度。围绕歌舞、服饰、饮食、节庆，农耕技术、工匠技艺等民族文化，加大对摩批、稻作、土司文化内涵的挖掘力度，搜集整理山歌、酒歌、民族乐器等民间艺术，设立民族文化保护与发展基金，对民族传统节日及民间文化活动实行政府扶持。二是加大对"四节一宴'的引导力度。加强对昂玛突节、开秧节、矻扎扎节、新米节、长街古宴的管理引导，培育文化产业市场，打响哈尼梯田文化旅游品牌，提升核心竞争力。三是搭建挖掘、展示、传承优秀传统文化的载体。文化、民宗、梯田管理等相关部门要主动开展民族优秀文化的挖掘展示工作，各县依托现有哈尼文化传承学校，适时开展有关梯田文化培训活动。四是打造文艺活动品牌栏目，每年举办一届农耕技术竞赛、非物质文化遗产展演活动，以此推动哈尼梯田文化的挖掘传承和展示。

123

（七）加大执法力度，守住梯田红线

编制好《红河哈尼梯田保护利用总体规划》，元阳、红河、绿春、金平4县哈尼梯田保护管理控制性规划，划定红线，设置界桩，明确保护范围，聘用基层监测员，做好日常巡查监测和台账记录工作；抓好《云南省红河哈尼族彝族自治州哈尼梯田保护管理条例》《哈尼梯田保护管理条例实施办法》《红河哈尼梯田保护管理规划》《关于加强世界遗产红河哈尼梯田保护管理的决定》等法律法规的宣传贯彻，做到令行禁止。元阳、红河、绿春、金平4县成立执法队或配备执法人员，持续加大保护区巡查、监测、整治等宣传和执行力度，进一步提升依法保护管理哈尼梯田的能力和水平。对违规、违法现象做到及时发现、及时处理。让哈尼梯田各类保护管理法规落到实处，确保世界遗产的真实性、完整性、延续性。

（八）建立长效机制，促进保护发展

充分发挥红河哈尼梯田保护管理委员会的作用，相关部门要安排分管领导，指定科室人员，明确职责任务。实行每季度一次信息数据共享（书面），每半年召开一次联席会议共谋保护发展。同时，深入基层主动开展工作，配合遗产地政府推进哈尼梯田的保护发展。元阳、红河、绿春、金平四县政府要认真履行"第一责任人"的职责，将哈尼梯田保护发展工作列入重要议事日程，督促县属相关部门协同做好辖区内哈尼梯田的管护工作，加强与州属相关部门的沟通协作，形成州属部门、州县之间信息互通、数据共享、同心协力，齐抓共管的长效机制。

（九）开展宣传教育，提高文化自信

加强与高端媒体的合作，在国内主流媒体上出专版专刊，全方位、多层次、宽领域展现红河哈尼梯田保护管理的措施办法、成就经验，不断提高哈尼梯田知名度，让更多的人了解分享世界遗产价值，体验民俗活动。在红河哈尼梯田官方网站、微信、微博等新媒体上及时发布保护管理工作动态，提供深入了解民俗节庆、民居建筑、梯田美食等哈尼梯田文化的重要载体和窗口，充分发挥新媒体的重要作用。深入遗产地开展保护业务能力培训、文艺宣传展示、梯田文化书籍进校园等活动，不断提高梯田管护人员的综合素质，大力宣传梯田保护法律法规、保护梯田的重要意义和价值，增强民族自信心、自豪感和责任心。哈尼祖训：老屋不能倒，田地不能荒。要充分利用传统文化进行宣传教育，增强遗产区群众管护梯田的意识。

（十）扩大资金投入，助推扶贫攻坚

加大对遗产区发展的资金投入力度，切实改善路、电、水等基础设施，特别是加大对水源林保护、灌溉水沟修复、农村道路硬化、优势产业培植、民居改造提升、民族文化保护等方面的扶持力度，为脱贫致富打牢基础；按照"保护第一、综合治理、合理开发、持续发展"的要求，做好遗产区经济社会发展规划，抓好产业扶贫、农村危房改造、易地搬迁、健康扶贫、教育扶贫、生态扶贫等工作。扶贫部门要聚焦遗产区，在资金投入、项目建设、产业扶持等方面向红河哈尼梯田深度贫困地区倾斜。

（杨沙斗：红河州世界遗产管理局副局长。李制聪：红河州世界遗产管理局）

文化精准扶贫面临的多维约束与优化建议

——基于云南省红河州南部六县的观察

曾　艳

一、文化精准扶贫的现实背景

随着我国精准扶贫战略的实施，扶贫攻坚取得显著成效，农村贫困人口大幅减少、贫困地区经济社会实现全面发展、贫困地区脱贫能力显著提高，扶贫方式逐渐从开发式扶贫向贫困治理转变，贫困问题显现出了一些新的特点。贫困人群中的一部分依靠国家政策和自身努力很快摆脱贫困，一部分因病、因残彻底丧失发展能力的通过政策兜底也能保障基本生活，而另外一部分人却长期难逃贫困的厄运，怎么帮助扶持都难以脱贫，要素投入不足、资源状况不佳、基础设施薄弱等因素已经难以解释这部分人的贫困，探究其根本原因，还在于"人"。人的文化素质差别、价值观念、思维方式等文化因素，从更深层次上左右着人们是否贫困的命运。

近年来，中央密集出台了一系列与文化扶贫相关的指导性文件和实施方案，对推动文化扶贫起到了促进作用。如 2015 年 12 月，文化部等七部委印发《"十三五"时期贫困地区公共文化服务体系建设规划纲要》，将文化扶贫提升到前所未有的高度；2017 年 6 月，文化部发布的《"十三五"时期文化扶贫工作实施方案》中提出，要发挥文化在脱贫攻坚工作中"扶志""扶智"的作用；习近平同志在十九大报告中强调："坚持大扶贫格局，注重扶贫同扶志、扶智相结合。"在这样的现实背景下，重视文化扶贫显得更加重要，通过文化的传递效应，可以激发贫困群体的内生发展动力，盘活贫困群体现有物质和政策的投放，增强贫困群体可持续发展能力，使其从根本上走脱贫致富之路。

二、文化精准扶贫的内涵

(一) 贫困文化的内涵

美国学者刘易斯最早将贫困视作一种文化现象展开研究，在其著作《五个家庭：贫困文化的墨西哥个案研究》一书中，他首次提出"贫困文化"的概念，并分析了贫困文化的表现：人们有一种强烈的宿命感、无助感和自卑感；他们目光短浅，没有远见卓识；他们视野狭窄，不能在广泛的社会文化背景中去认识他们的困难；智利著名学者萨拉扎·班迪对贫困文化的定义为社会的、文化的或心理的因素长期积淀后，形成的落后心态和一成不变的思维定式、价值取向、顽固的文化习俗（或生活习惯）、意识形态（或理念）。拥有这种心理状态的人往往被认为是不思进取，安于现状，对于任何促使他们发展的事物都不感兴趣；我国学者辛秋水认为，"贫困文化"是贫困阶层所具有的一种独特生活方式，是长期生活在贫困之中的一群人的经济状况的反映；[①] 李丰春认为，"贫困文化"在我国主要表现为：听天由命的人生观，安贫守旧的生活观，重农轻商的财富观，安土重迁的乡土观，好逸恶劳的人生习性，厚死薄生的消费观，养儿防老、多子多福的生育观，不患寡而患不均的分配观，消极等待的时间观，老死不相往来的社群观，盲目排外的人际观，急功近利、恶意"杀熟"的功利观；[②] 方清云对"贫困文化"的定义是满足贫困群体生存和发展的一种有别于主流文化的亚文化，是相对贫困的小部分人群在长期贫困生活中所创造的物质产品及行为方式、习惯、习俗、风俗、心理定式、生活态度和价值观等非物质形式的总和。[③] 从上述定义来看，贫困文化的存在是影响贫困群体脱贫的桎梏，通过加深对贫困文化的认知，对症下药，能够引导我们通过制定有效的文化扶贫策略来帮助贫困群体摆脱贫困。

(二) 文化扶贫和文化精准扶贫

我国学界对文化扶贫的研究已有三十多年的历史，早在1987年，我国学者焦勇夫发表《文化扶贫小议》，"文化扶贫"概念开始被理论界探讨。学界

---

① 辛秋水：《走文化扶贫之路——论文化贫困与贫困文化》，载《福建论坛（人文社会科学版）》2001年第3期，第16－20页。

② 李丰春：《农村文化扶贫的若干问题研究》，载《安徽农业科学》2008年第25期，第11157－11158页。

③ 方清云：《贫困文化理论对文化扶贫的启示及对策建议》，载《广西民族研究》2012年第4期，第158－162页。

对文化扶贫的内涵理解主要有"提高素质说""获得知识技能说""价值观改造说""扶智扶精神说"和"治愚说"。① 在文化扶贫的路径研究方面，主要集中于四个方向，一是文化扶贫的理论基础；二是文化扶贫体制机制研究；三是文化扶贫内容的研究；四是文化产业扶贫的研究。除此之外，还有学者关注文化扶贫的政府责任、文化扶贫与村民自治、文化扶贫体系模型构建以及针对不同主体的文化帮扶等。从学科的角度，社会学、图书馆情报学和经济学对文化扶贫的关注较多。总体来说，学界对文化扶贫的研究从深度、广度和效度都还处于发展阶段，现有成果总量较少，而我国现阶段贫困问题的新特点已经显现，亟须学界重视和加强研究成果贡献。

国家层面的文化扶贫工作经历了从文化扶贫到文化精准扶贫的过程。1993年，文化部"文化扶贫委员会"的成立，标志着"文化扶贫"已成为中国扶贫实践的重要组成部分。自此展开了诸如文化科技卫生三下乡、万里边疆文化长廊等项目，但缺乏统筹规划。2006年，随着《国家"十一五"时期文化发展规划纲要》的颁布，首次提出"坚持城乡、区域文化的协调发展"方针，开启了我国基本公共文化服务均等化、标准化制度重建进程，文化发展顶层设计逐渐健全，开展了农家书屋工程、文化站建设规划等较为系统的文化建设项目，文化扶贫效果渐显。2015年，中共中央办公厅和国务院办公厅颁布《关于加快构建现代公共文化服务体系的意见》，提出要"与国家扶贫开发攻坚战略结合"，"推动革命老区、民族地区、边疆地区、贫困地区公共文化建设实现跨越式发展"，进一步指明了文化扶贫的方向。《"十三五"时期贫困地区公共文化服务体系建设规划纲要》的颁布，表明文化扶贫不仅已经成为国家扶贫体系的重要部分，还上升成为国家经济社会发展的重要战略。

"文化精准扶贫"的概念是基于习近平同志中国特色理论创新——"精准扶贫理论"提出的，是精准扶贫理论内涵的深化和扩展。文化精准扶贫作为次生概念，其理念、特征和路径与精准扶贫理论是一致的，体现了新时期文化扶贫工作的进步。学界也有少数研究者提出了对"文化精准扶贫"概念的理解，曲蕴等将"文化精准扶贫"定义为：通过在文化设施建设、文化产品供给、公共文化服务、文化产业扶持、精神文明建设等方面，开展因需而异、因

---

① 饶世权、鞠廷英：《从文化扶贫到文化精准扶贫：近三十年来我国文化扶贫研究述评》，载《西华大学学报（哲学社会科学版）》2017年第3期，第46–55页。

地制宜的精准扶贫活动，从而有效提升贫困人口的文化素养和知识技能，逐步改善和推动贫困地区的经济、文化发展①；张慧蕊认为，文化精准扶贫是指从精神层面和文化上给贫困居民以帮助，从而提高贫困居民的素质，改变落后的面貌，提高贫困居民自主脱贫的能力，是文化内容给予的精准和扶持群体的精准②。

从"文化扶贫"到"文化精准扶贫"的转变，体现了我国文化扶贫工作三个方面的新要求。一是文化扶贫效率的提升。从过去"普惠"式的帮扶发展到"滴灌"式帮扶，节省扶贫资源的同时，扶贫的有效性需要增强。二是文化扶贫的精准性提升。以"精准扶贫"理论提出的"六个精准"为原则和指导，文化精准扶贫规划要尊重贫困群体的文化差异性、性别差异性和区域差异性，基于贫困群体的不同文化需求有的放矢。三是对文化扶贫的认识升级。社会各界需要升级对文化扶贫内涵的理解，明确文化发展的滞后性、潜伏性和代际传递性特点，摒弃"政绩观"，改变文化扶贫流于形式的现状，把文化帮扶工作作为一件重要的长期建设工作来对待。

三、云南省红河州南部六县文化扶贫工作面临的多维约束

红河州位于云南省东南部，由于地域差异和区域经济发展不平衡等原因，红河州经济社会发展呈现南北两级严重分化态势。北部七县市经济发展普遍相对较快，但南部六县经济发展较为滞后，属于典型的集边疆、山区、民族、贫困四位一体的地区。南部六县屏边苗瑶族自治县、泸西县、元阳县、红河县、金平苗族瑶族傣族自治县、绿春县是集中连片特困地区，也是全国扶贫开发重点县，全州95%以上的绝对贫困人口分布在这个区域，贫困人口多，贫困程度深，扶贫难度大，是扶贫攻坚的重点和难点。

红河州南部六县虽然经济发展滞后，却拥有着丰富的自然文化资源。有丰富的土地资源、水资源、矿产资源、森林资源，有数十种国家重点保护动植物；有浓郁的民族文化，区域内聚居着哈尼族、彝族、瑶族、傣族、拉祜族、汉族等多种民族，其中拉祜族、瑶族两个特少数民族属于"直过"民族；有丰富的生态旅游等资源，元阳县是红河哈尼梯田核心区，素有"哈尼梯田故

---

① 曲蕴、马春：《文化精准扶贫的理论内涵及其实现路径》，载《图书馆杂志》2016年第9期，第4-8页。
② 张慧蕊：《公共图书馆文化精准扶贫的创新路径研究》，载《河北科技图苑》2016年第6期，第12-15页。

乡"的美誉，元阳哈尼梯田是世界文化遗产、国家湿地公园、全球重要农业文化遗产保护试点。绿春县有"哈尼十月年长街古宴之乡"的美誉，是哈尼标准语音所在地和哈尼原始宗教文化发源地。这些文化资源在内容和形式上各不相同，显示了红河州南部六县地域文化的多样性、丰富性和复杂性，为文化扶贫工作的开展提供了基础和条件。笔者基于对南部六县文化扶贫工作的调研和观察，发现存在几个方面的多维约束。

（一）需求维度的约束

文化需求实质是指人们为了满足自身的各种精神需要而形成的对文化产品的需求，如同其他商品一样，需求量大小受到价格、收入水平、相关商品价格、消费者偏好、预期价格等因素的影响。只有在物质生活条件不断提高，物质需求逐步得到满足，生活相对稳定的情况下，文化方面的需求才会被激发出来，从而变得紧迫而突出。文化产品满足精神需要的这种特殊属性，使得文化需求除了受上述因素影响之外，还取决于公众文化素质、文化基础设施建设、闲暇时间等其他因素。[1]

对于红河州南部六县的贫困地区来说，一来贫困主体的文化素质普遍不高；二来经济发展滞后，文化基础设施薄弱，文化内容供给不足；三来贫困主体劳动的边际收益低下，闲暇时间增多，进而文化需求增多。但是，区域内贫困主体的这种闲暇，属于缺乏充足就业机会条件下的被迫性闲暇，由此产生的文化需求是一种被动需求，掩盖了农民对于文化活动的真实需求。在这种情况下，外来文化很容易进入并打破农村的文化平衡。于是，笔者在调研中看到地鼓舞、开秧门等传统的哈尼民间歌舞艺术、民俗活动与新媒体、网络游戏、电视电影之类的现代文化共同存在于文化生活之中。一方面是传统文化需求呈现出加速萎缩之势；另一方面是现代文化需求在农村缺乏扎根的土壤。同时，贫困主体对学校教育的需求日渐式微。一方面是教育的高投资成本和"模糊遥远"的回报期望；另一方面是人们获取金钱和物质的渠道更加多样化，这使得"读书无用论"在农村开始蔓延。

（二）供给维度的约束

文化扶贫供给内容并没有对接好贫困主体的需求。大部分乡镇的文化供给和文化服务的内容多为文化站建设、农家书屋建设、文化广场建设等看得见、

---

[1] 邱澍、杨丽：《少数民族贫困地区村民文化需求及实现路径》，载《人民论坛》2014年第12期。

摸得着的基础设施建设项目，也有一部分文艺演出、文艺辅导、送戏下乡等文化活动。但是，以上文化扶贫的效果并不显著，问题主要出在文化内容供给上。在访问村民的过程中发现，对于年纪比较大的老年人来说，由于文化程度低，并没有阅读习惯，加上农活很辛苦，休闲时间只想多休息。对于年青一代的农民，由于移动信息的发达和费用的降低，他们更习惯使用电脑和手机获取信息。加上宣传工作不到位和疏于管理，农家书屋虽然建起来了，但没有使用起来，造成了极大的资源浪费。类似的例子，还有送戏下乡赶上农忙、电影下乡播放国外原声电影等文化供给不力的问题。

（三）动力维度的约束

贫困主体文化发展的内生发展动力不足，存在较为普遍的自我设限约束。主要体现在四个方面：一是听天由命、得过且过的人生观，小农本位、重义轻利的生产观，安土重迁的乡土观，崇拜鬼神的宗教观，多子多福的生育观，只求温饱的消费观依然根深蒂固，这些观念使得贫困主体从自足到自卑自贱，扼杀了贫困主体通过行动改变现状的动力与潜能。二是随着农村贫困地区人口结构、教育结构、年龄结构、性别结构、劳动力素质结构的变化，农村地区文化要素的自组织能力和传承能力迅速弱化。在调研的几个乡镇均发现，后生代的贫困群体使用本民族语言的能力已然不足，对哈尼多声部、乐作舞等传统民间艺术的学习兴趣也不足。三是在现代文明的冲击之下，贫困主体普遍丧失了文化自信和文化自觉。例如，在笔者调研民族村寨时，工作人员纷纷表示只是在有接待时穿着民族服饰，日常生活服饰早已汉化。四是农村传统社会关系解构，乡规民约、道德约束和文化凝聚力的作用日渐微弱。过去邻里间红白喜事的义工日渐被市场化的雇工取代。

（四）文化产业维度的约束

文化产业扶贫，实质就是依托当地特色资源禀赋进行市场化、产业化运作的脱贫。红河州南部六县普遍经济发展滞后，产业结构单一，交通不便，群众教育程度偏低。但正因为这样，区域内自然生态环境保持良好，多个少数民族在长期的历史发展过程中形成了丰富多彩的民族文化资源，形成了具有较大挖掘潜力的文化资源富矿，这是文化产业发展最具有市场差异性和竞争性的资源禀赋。一些县利用这些资源禀赋优先发展起来了，带动了经济增长和就业。例如，元阳县充分利用哈尼梯田世界文化遗产的影响力，结合梯田农耕文化、少数民族歌舞文化、传统手工艺文化大力发展旅游业，创造了不俗的成绩。但是，南部六县由于政治、经济、民族文化等差异性，在文化产业发展中显现出一些约束性。一是南部六县区域经济发展水平滞后，极低的文化消费水平对于拉动文化产业发展具有约束性。二是该区域在文化产业整体布局上缺乏系统规划布局，一些地处偏远、交通不便的县，即使拥有优越的自然资源和民族文化资源禀赋，也难以市场化。例如，绿春县作为世界农业遗产哈尼梯田的重要组成部分，风光宜人不输元阳，却鲜为人知。三是文化产业发展所需的人力资源缺乏。有文化、懂技术、会经营的新型农民队伍尚未建立起来。尽管一些农户具有文化艺术专业特长，偶尔会利用农闲时节、茶余饭后、传统节日、红白喜事的时机，发挥自己的优势，开展丰富多彩的文化活动，给自己和乡亲们带来快乐，但却因为不懂经营而无法转变为具有市场行为的文化经营活动。

四、文化精准扶贫的优化建议

（一）精准识别贫困主体的文化需求

对贫困主体多元文化特征进行深入了解，对贫困主体的真实文化需求进行精准识别，进而加以保护、改造和利用。一方面，尊重贫困群体的私性文化需求。文化不仅仅是多读两本书，多唱几场戏，每一种文化都有其特定的文化生态位，如农村的酒文化、婚丧嫁娶文化、祭祀传经都是多元文化体系的组成部分，尊重文化的多样性和差异性，保护每一种亚文化的生存权和话语权，需要我们精准的识别哪些需要保护，哪些需要改造，哪些可以利用，需要我们处理主流文化与民族文化、地域文化、传统文化之间的共生关系，防止文化扶贫消解文化多样性。另一方面，建立健全贫困主体的文化需求表达机制和民主参与机制，使贫困主体能够通过正式渠道表达自己的文化诉求，保护贫困主体参与文化的热情，增强农民文化参与的主体意识。

（二）精准设计文化扶贫的内容

在充分了解文化需求的基础上，精准设计文化扶贫的具体内容。一方面，提供有差异化的文化内容供给。文化内容的供给要同时考虑到不同年龄结构、不同消费结构、不同性别结构贫困主体的文化需求和偏好，避免题材单一、陈旧和单调。以送戏下乡为例，作为长期的制度性安排，文化内容供给部门在送戏下乡之前的一个重要步骤，就是对当地受扶群众的文艺偏好、生产生活习惯和对演出的期盼进行调研，在充分了解了当地文化需求的前提下，做好宣传，选择好节目，安排好时间。送戏结束后，还要注意收集评价意见。另一方面，文化扶贫内容投放之后的管理可以采用更加市场化的方式，以弥补体制内人力资源的不足和降低管理成本。例如，送戏下乡活动可以市场化运作，以政府购买民间服务的形式激励本地民间演出团队就地开展演出活动，这不仅可以增加民间艺术团队的收入进而达到扶贫效果，还有利于民间非物质文化遗产的传承。

（三）精准激励贫困主体文化内生性重构

文化的"内生性重构"是以文化主体自身成长愿望为基础、以文化要素更新或重组为手段、以消除"文化堕距"或推动文化发展为目标的行为或行为方式，通常表现为特定主体在特定地理文化空间中以自身力量推动文化传承与创新过程。[1] 文化的内生性重构是消除贫困文化摆脱文化贫困的重要途径。但是，由于文化贫困地区的文化生态被严重的破坏，贫困文化滋生。所以，现在文化贫困地区想依靠自身力量进行文化内生性重构非常困难。文化扶贫就是通过帮助贫困地区努力恢复文化生态，构建良好的农村现代文明，最终实现脱贫目标。

一是赋权于民，突出贫困群体在文化发展中的主体性地位。赋予农村文化主体解释和言说的权利，是培育和保护农村文化主体文化自觉与自信的基本手段，也是文化"内生性重构"的动力所在。警惕在外部意志主导下通过强行"植入"方式推动贫困地区文化建设。二是文化精准扶贫需重点关注后生代贫困群体的文化发展能力塑造。贫困文化具有代际传递的特点，通过文化教育阻断贫困文化的代际传递，积极改造贫困主体下一代的认知结构、知识技能和价值观，才能使贫困群体逐渐恢复自我发展能力，进而摆脱贫困。这就要求我们重视贫困地区的教育制度设计和政策倾斜，关注留守儿童的身心健康，拓宽贫困地区学生的文化交流渠道，缩小因区域差异导致的教育落差。三是提高贫困地区的文化认同、文化传承和文化创造能力。通过三种能力的提升，增强贫困主体的自我约束力和文化自信。

（四）精准规划文化产业发展

在文化产业助力脱贫方面，要找准文化与经济的交汇点。中共中央办公厅、国务院办公厅印发了《关于实施中华优秀传统文化传承发展工程的意见》，呼吁让优秀传统文化真正实现活起来、传下去。对不少贫困地区来说，这是一个难得的机遇。不少地方的实践证明，"文化＋扶贫"可以实现互利双赢。在群众增收脱贫的同时，优秀传统文化也得到了弘扬和传承。这样做，文

---

[1] 李晶：《贫困地区文化内生性重构研究》，载《图书馆论坛》2016 年第 6 期，第 27 – 33 页。

化才能活起来，人民群众才会有更多的获得感。

一是文化精品打造应与市场需求相适应。开发符合消费者需求的文化产品是把文化资源转化为文化资本的关键，因此，文化精品的打造要与现代的消费需求方式相结合，找到"文化"和"经济"的契合点。将文化引向市场参与竞争，以竞争的压力激发文化的生存活力，拓展生存空间，这既实现了对文化传承人的有效的经济激励，又保护和传承了民族传统文化。例如，依托哈尼长街宴、姑娘节、磨秋节等传统民族节庆与哈尼多声部、乐作舞等传统表演艺术资源，打好"民俗牌"。但是，在文化产品市场化的过程中，要预防"过度商品化"的问题，警惕无良资本打着发展文化产业的幌子破坏和掠夺文化资源，警惕商业的铜臭让文化扶贫变了味。

二是文化产业应重视品牌效应。品牌的打造要"借势而为"＋"融合发展"，哈尼梯田区域戴着世界遗产、世界农业遗产的帽子，每年都吸引着数以万计的国内外游客，文化产品的品牌打造一要借世界遗产的势，二要与梯田文化"融合发展"，打造知名文化品牌，助力产业发展。充分利用哈尼梯田世界文化遗产这一品牌优势，重点打造以"长街宴"为代表的地域性、民族性特色节庆品牌，结合矻扎扎节、十月年、火把节、泼水节、三月三、花山节、盘王节等民族传统节日，开展乡村稻作农耕文化、民族山歌对唱、摔跤、射弩等，为游客提供体验式活动。全力打造大型稻作农耕文化实景演出品牌，让消费者了解、感受、体验独特民族文化内涵和无穷魅力。

三是充分发挥市场机制的作用，合理引入社会资本投资当地文化产业。利用少数民族地区民族资源丰富和村民文化致富需求强烈的特点，鼓励企业投资文化产品和服务，让企业来推动文化产品和服务的市场运作，走产业化发展之路。例如，绿春县的稻田鸭养殖产业就是企业化运作和市场化发展的优秀案例。

总之，文化扶贫是一项系统工程，具有复杂性、综合性和长期性的特点，我国现阶段的文化扶贫工作已经发展到文化精准扶贫阶段。本文基于对红河州南部六县的调研，对该地区文化扶贫进程中存在的多维约束进行了描述，并提出了相应的优化意见，希望通过社会各界的共同努力，逐步改善和推动贫困地区的经济、文化发展。

（曾艳：云南农业大学经济管理学院讲师）

哈尼梯田稻鱼鸭复合经济的保护与发展

孙东波

稻鱼鸭复合经济是哈尼梯田地区农民的传统生计模式，梯田农民根据年度的劳作周期表，充分利用稻鱼共生、鱼鸭共生的生态优势；在水田和秧田中兼营栽稻、养鱼、养鸭等复合生计。但是，长期以来，稻鱼鸭复合经济都是小农经济，生产效率低，规模很小，远未达到产业规模，一般仅能勉强满足生产地区自用。随着哈尼梯田成为世界文化遗产和农业文化遗产，因应时代和社会发展要求，尤其是领会习近平同志考察云南时的重要讲话精神，哈尼梯田要走发展规模化、产业化并与市场相结合的生态友好型的稻鱼鸭复合经济的道路。

一、现　状

（一）以农民等当地居民为主体，发展产业化的稻鱼鸭复合经济，目前发展较为成功的有合作社和大户等模式

1. 合作社

合作社主要包括两种类型，一类是自发的合作社，另一类是政府推广的合作社。目前来看，以自发类合作社的活力更足、发展势头更好。比如红河县宝华乡嘎他合作社组织村民一起养鸭，合作社采用分头喂养、统一销售模式，老百姓只要出力出工就可以了，别的都交给合作社统一负责。

2016 年，嘎他合作社总共养殖 2 万只鸭子，产鸭蛋 61 万颗，共有 100 余万元的收入。平均算下来，每只鸭子约下 30 颗蛋，之所以数量看起来有点少，是因为梯田栽稻期间无法实现稻鸭共生模式，只有等全部谷子都收了之后，才能将鸭子放入田间，因此鸭子真正产卵期才 3 个月左右，随后就将这些鸭子作为肉鸭出售。也有少部分村民养的鸭子有半年的产卵期，可以产鸭蛋 120 颗左右。有些村民养全年，可以产鸭蛋 180 颗左右。

嘎他合作社能够成功，很大程度上是因为他们的带头人郭武六具有较良好的素质：一方面是年轻且思路活跃；另一方面他作为村支书，在村民当中有威

望，且始终能从当地老百姓的整体利益出发，带领大家一同致富，让越来越多的村民以户为单位加入合作社。张红榛教授认为，他的合作社模式不仅增加了农民的收入，还能够提高农民保护梯田的积极性，既是对传统模式的保护，又是脱贫致富的路子。县委、县政府介绍，不但嘎他合作社，目前整个红河县的合作社销售情况都很喜人：鱼和鸭蛋供不应求，两种产品多数都在本地消化；稻谷也有外省公司来大量预订。

第二类是政府推动组织的合作社。主要是当地政府为了能够鼓励农民进行梯田养鱼活动，鼓励田地连片的农户能够都参与养殖，因此扶持农民建立合作社，通过让农民组织、发动农民加入的方式来扩大合作社规模，当地政府以较低价格统一提供较为安全有保障的鱼苗。这种合作社跟目前国家推动的"精准扶贫"政策相结合，"建档立卡"户等购买鱼苗时，当地政府给予一半补贴。从目前来看，已经取得了较好的效果，且整体养殖规模还是有很大的发展空间。

2. 大户

据笔者的调查了解，近年来在红河南岸四县，通过土地流转来发展规模经济的情况不在少数，尤其是热区，多年来就有很多老板承包土地种植香蕉等经济作物。这些老板多数来自外地，拥有足够的资金支付租金，加上梯田传统耕作经济效益不高，很多农民迫于生计压力常年在外打工，导致部分梯田被承包并改栽香蕉等。如今，随着本地人的经济能力、技术水准和思维开阔度的提升，越来越多的人通过合资、合股的方式，发展更接近当地传统的综合种养经济模式，取得了较好的成果。

如今红河南岸四县土地流转的模式，已经逐渐发展为以本村村民或当地工作人员为主要承包人、以合股等方式来经营的土地流转模式，并逐渐发展形成了一批种养大户。比如，以笔者曾经走访的元阳县爱春村委会的马云昌支书为例。马云昌是通过土地流转的方式，将爱春的 1 000 亩田地进行流转经营。他基于自己常年经营一个沙石厂，积累了一定的资本，有了流转土地的能力。同时，因为元阳县政府 2017 年实行的公路沿线村寨根据面积补助鸭子和鱼苗的优惠政策，从而按照其流转的田地面积，享受了县政府相应的补助，为其产业发展提供了良好的环境。其产业主要是栽稻、养猪、养鱼和养鸭，实行稻鱼鸭复合经济。他大量收购玉米养猪，猪屎可以通过传统水冲肥的方式进入层层梯田，一方面可以肥田并提高稻谷的产量，另一方面可以提供给鱼当饲料；梯田作为养鸭场所，鸭子下蛋2～3个月之后，可以作为肉鸭出售，因此整个资金流的周转速度很快。土地流转之后，年轻村民可以放心外出打工，不必担心梯田无人照看而发生坍塌，留在村里的村民则可以来帮工。马云昌作为大户，他为村民提供的土地流转金和工作岗位，在很大程度上带动了村庄整体致富。

除了这种自发类型的大户，红河县委、县政府也一直在努力采取各类措施，鼓励大户在县域经济发展和脱贫攻坚事业中发挥力量，比如县委、县政府鼓励某些养鱼大户转变产业模式，从原本的养殖成品鱼、鸭的模式，逐渐转变为以培养优质鱼苗、鸭苗等为主要产业内容，与县委、县政府推广稻鱼鸭复合经济的政策相配合。这样可以两全其美，一方面政府可以保证为县域内各梯田区提供合格的种苗；另一方面大户得到了稳定的销售市场。

（二）政府招商引资，形成"政府＋公司＋×"的发展模式

以红河县为例，县委、县政府通过招商引资，打造稻、鱼（鳅）、鸭产品品牌。以政府为主要牵头人，跟产业扶贫相结合，公司提供种苗，政府全程监控，鼓励农民合作发展，并确保给精准扶贫的"建档立卡"户以补贴，某些产品实行统一收购，目前已初步形成了"政府＋公司＋基地＋合作社＋建档立卡贫困户"的互动模式。近些年来，红河县委、县政府引进3个公司，建立了2个大基地，以及育苗"五大中心"，并成功地建立了稻鳅共作示范基地。

稻鳅共养模式已经取得了较好的成绩，积累了比较丰富的经验，县委、县政府引进中海渔业公司提供的优良台湾泥鳅种苗，为养殖农户提供全程技术支持，并保证以保底价格收购养殖的泥鳅产品，县政府在关键环节参与，特别是发挥主导和监督作用。比如在发放鱼苗的全过程中进行监督，避免不合格的泥鳅种苗发放到农民手中，保证农民的权益，从而最大限度地降低农民的风险，同时较高的经济回报极大地提高了农民参与的积极性。

该模式的经验总结如下：①县政府引导和推动农民合作方面的经验：通过科技下乡和试验示范，引导、激发农民种养积极性；亩产值的提高解决了农民不愿种田的问题。②县政府引进外资的经验：县政府招商引资某些公司提供技术和产品收购，通过产业扶贫，切实提高了农民贫困户的能力，避免了发生停止支持后的返贫。（见图1）

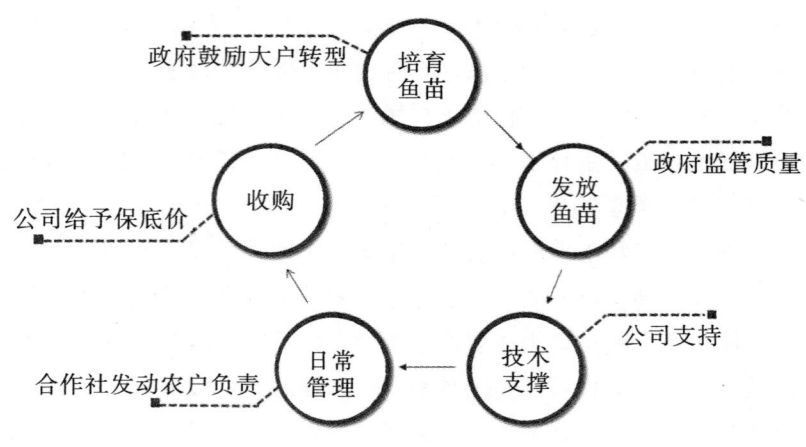

图1　稻—鳅复合经济运作模型

二、存在的问题

（一）在某些报告中使用"稻鱼鸭共生"的名称，有必要加以澄清、勘误

在绿春县等的政府报告材料中，描述哈尼梯田稻鱼鸭复合经济时，使用了"稻鱼鸭共生"等名词，这个名词的使用是不严谨的。因为笔者曾撰文论证，哈尼梯田并无"稻鱼鸭共生"生态系统。鉴于"名正言顺"原则的重要性，笔者在此处加以论述说明，希望以后在红河州的政府工作报告中不要再重犯错误。

根据笔者对红河、绿春和元阳等县哈尼梯田农事活动的调查来看，稻、鱼、鸭三者并未共处在同一个时空范围，因此不能称作"稻鱼鸭共生"系统。哈尼梯田养鱼主要属于"稻鱼共生"系统[1]和"鱼鸭共生"系统。如同侗族管理"稻鱼鸭共生系统"一样，哈尼族也发挥了宏观调控的能动作用，使得共生物种之间的相生关系得以发扬，相克关系加以规避。[2] 多数村寨栽秧之后，鸭子仅允许在秧田中放养。若发现违规，受损田主有权砍死鸭子，同时鸭子主人需缴纳罚款。制定该项规约的原因是当地饲养的鸭子体型较大，若将其放养

① 袁爱莉、黄绍文：《云南哈尼族梯田稻禽鱼共生系统与生物多样性调查》，载《学术探索》2011年第2期，第45－47页。

② 罗康智：《侗族美丽生存中的稻鱼鸭共生模式——以贵州黎平黄岗侗族为例》，载《湖北民族学院学报（哲学社会科学版）》2011年第1期，第28－29页。

在栽了秧的本田中，无法保证其在稻棵之间顺利游动而不伤及水稻，[1] 且稻谷成熟时更容易被鸭子啄食谷粒。该规约避免了鸭克稻。为了防止鸭克鱼，尤其是避免在秧田水位下降时鸭子捕食鱼，人们会砍一根数米长的大竹或者数根杉木树枝等带刺的枝条，将其丢在秧田水深处，鸭子入水时，鱼可在其下躲避，免遭捕食。到秋收结束后，鸭子可以任意在田间放养，此时本田水深可达半米，故不需采取防范措施。

总之，哈尼梯田的稻鱼鸭综合种养充分利用了"稻鱼共生"[2] 系统和"鱼鸭共生"[3] 系统中高效的物质能量循环原理，免除了饲养喂食工作，并非"稻鱼鸭共生"系统。养鱼、养鸭等活动适应于梯田稻谷生长周期表，与撒秧、栽秧、收割等农事活动可同步进行，方便村民安排日程。

（二）综合管理水平仍不够高，难以为稻鱼鸭复合经济的发展提供坚实的平台

俗话说，要唱戏，先搭台。稻鱼鸭复合经济是一种对水源量、田地质量等资源的要求都非常高的产业发展模式，如果要设法扩大种养规模、提高效益，资源的供应务必要能够跟得上发展的要求。但是，实际上有些哈尼梯田地区难以保证。据笔者的走访调查，目前在某些哈尼梯田地区，受到自然和社会文化等多种因素的影响，普遍出现了如下现象：水源逐渐匮乏，以至于不足以满足传统种养需要；水旱灾害对梯田破坏严重；田地抛荒或者改旱，更遑论要谋求进一步发展。鉴于哈尼梯田生态结构是"四度同构"或"四素同构"的，该生态系统的维护，涵盖森林保护、农业技术、水利设施和地区治理等内容，务必需要形成跨区域、跨部门的联合管理。

目前各县的稻鱼鸭综合产业管理部门已经打破了原有的部门界限，有了初步有效的合作模式，但是据我们现场了解，发现其实涉及的合作部门种类虽多，实际上主要仍是农科局等少数部门在负责，部门之间的合作有待加强。

（三）稻鱼鸭复合经济应进一步改良技术、提高产量并开拓销售途径

这些问题在红河州南部各县是普遍存在的。根据我们对浙江青田养鱼技术

---

① 罗康智：《侗族美丽生存中的稻鱼鸭共生模式——以贵州黎平黄岗侗族为例》，载《湖北民族学院学报（哲学社会科学版）》2011 年第 1 期，第 28 – 29 页。

② 刘某承等：《稻田养鱼与常规稻田耕作模式的综合效益比较研究——以浙江省青田县为例》，载《中国生态农业学报》2010 年第 1 期，第 164 – 169 页。

③ 黄智敏等：《鱼鸭同境共生技术的生态环境效应研究》，载《水利渔业》2004 年第 24 卷第 4 期，第 48 – 50 页。

的初步了解，当地每亩田基本保证产鱼 100 斤，主要归因于他们对于孵化鱼苗、清理水质、防止鱼苗在生长过程中发生病害等，都有一系列传统和创新的方法。跟浙江青田等地区相比，红河哈尼梯田养鱼的管理方式略显粗放，因此鱼的产量相应较低，红河县稻田亩产田鱼大约为 40~80 斤。绿春县养鱼具有比红河县良好的水文条件和田地资源，但是仍有发展瓶颈，突出表现在产量发展水平不均衡，仍无法保证普遍高产。绿春县委、县政府报告中也强调，哈尼梯田养鱼重点在于提升单位面积产量。因此，各县需要加强引进和学习其他地区的先进经验，加强科学研究，以保证在产量上的较大提升。

目前的主要技术困难，除了体现在单位产量较低且不均衡等之外，需要特别注意的是，梯田病虫害和"生物入侵"的破坏等造成的不利影响。比如，为了提高产量，稻田中会普遍施放化肥，特别是由于很多哈尼梯田地区存在着小龙虾和非洲福寿螺等入侵生物的危害，为了保护稻谷的顺利生长，农民有时候不得不喷洒农药。如何采取有效措施，尽量控制入侵生物的繁殖和蔓延，减少农药喷洒以保护鱼类的生存环境，是一个亟待解决的棘手问题。

三、给予政策建议

（一）采取"树典型""让农民教农民"等方法，继续扩大稻鱼鸭复合经济面积，不断总结经验，加强经验的宣传、推广

在我们看来，各县政府的报告中所分析的某些不利条件，其实存在转化的可能性。比如有报告认为"农户素质低"是障碍，但是，如果我们能注意挖掘农户的学习能力和组织能力，鼓励农民发展合作社，或培育"大户"，此类举措应该很大程度上可以扬长避短地解决这一问题。让农户教农户，因为他们彼此之间更容易相互信任和交流，目前各县培育的大户和合作社数量还较少，其实村寨中有些优秀的中青年村民，若政府给予一定的引导，农民之间利用其原有的社会交往关系网络，能够重新融合成为新的社会关系，带动农民一起致富。

比如郭武六组织的嘎他合作社、马云昌土地流转养殖大户等的典型经验等可以继续推广。据闵庆文教授介绍，郭武六能把规模化经营、市场化意识、现代化管理等引入农村，各家分别养殖，统一销售，依托农业遗产的平台，来培育品牌，并扩大销路，将原本当地农民传统的养殖习俗加以发挥。目前来看，郭武六组织的嘎他合作社，所基于的田地面积仅仅几百亩，每年就可以有上百

万元可观的经济收入，红河州南岸的 80 万亩哈尼梯田，如果有一半能推广类似的合作社模式，那产值将有几个亿，因此极具开发潜力，亟待当地政府引导、鼓励。

在地区内相互吸收学习先进经验的同时，不排除对其他地区优秀经验的借鉴。比如黔东南州某稻鱼合作社跟农户合作，合作社人员负责看水、防虫，收成时，谷子归农户，鱼归合作社。可见，合作社组织农户的模式是非常多样的，要根据当地当时的情况灵活处理，尽量保证能够促进良好的产业和社会效益。

（二）州县政府各相关部门联合，保证生产的基本条件，加强推动技术的研发和普及，提高稻鱼鸭复合经济的单位产值

在技术层面，由于稻田养鱼在我国乃至世界稻作生产区都比较普遍，因此我们可以广泛借鉴其他国家和地区的养鱼经验和技术，努力提升哈尼梯田养鱼养鸭的质量和产量，争取更好的经济效益和社会效益。比如，浙江青田养鱼，除了悠久历史所积累的相应传统技术外，青田农民作为"侨乡"一员，在世界市场经商打拼中获得了很多宝贵的经验，比如注重品牌的培育、高效的管理等；养成了乐于学习的风格，甚至有人自费去大学学习鱼苗孵化技术，从而通过不断改良养殖技术，提高单位产量，最终达到"千斤稻百斤鱼万元钱"的成效。

同时，红河州有关政府部门应在整个产业链的关键环节，继续加强监督管理，尤其注意基础设施的加固和更新；当地政府应继续在幼苗的提供方面给予科技和实际支持，特别要加强学习红河县设立的"五大中心"，提升对保质保量的鱼苗和鸭苗等的供应能力；加强饲料的研发工作，饲料尽量能够以政府扶贫补贴等方式发放，降低农民的生产风险和成本；应加强政策监管，政府部门可以制定并发布《健康养殖技术标准》和《产品回收质量标准》等相关政策，建立完善种稻养鱼项目、健康养殖档案等，提升总体监管水平。

（三）在州政府的领导下，加强南部四县的合作和沟通，尤其是产品销售渠道的开拓等，共同合力谋进一步大发展

加强红河州南部各县之间的合作，尤其要在产品品牌开发和销售等方面下工夫。我们可以借鉴贵州黔东南州成立"稻鱼鸭联盟"的思路，红河州南部四县在政策支持、技术和销售等多层面加强相互交流、学习和合作。比如，红河县养殖台湾泥鳅已经颇有规模，元阳县刚刚起步，彼此之间可以加强经验交

流学习。比如，金平县稻鱼鸭产业发展的思路很有特点，特别是通过发展旅游、体验综合种养，开发网络农场、结成"田亲家"等手段，来加强城市居民对梯田的关注等措施很有新意，可以跟其他几个县加强交流。

除了各级政府之间多加强合作沟通外，也应加强对外学习和交流等，多吸收我国乃至世界各地的优秀经验，并结合本地情况，形成良好的销售路径。以黔东南州为例，通过开设旅游体验节、设立农业遗产体验店、休闲农业观光基地农家乐等，拓展销售路径。2015 年国庆长假开始，剑河县举办"开鱼节"活动，举行稻田抓鱼等竞赛活动，更进一步扩大了影响力；2015 年，各县市均专设"黔东南稻田鱼专卖店"和"黔东南稻田鱼餐饮体验店"，共已建成专卖店 17 个，餐饮体验店 17 个。浙江青田吴丽贞的案例也很典型，她家不仅开发农家乐，还利用侨乡优势，将青田鱼卖到国外；除了新鲜活鱼，还加工鱼干出售。总之，开发旅游有很多种形式和经验，可根据地方特点进行发挥。

以上这些经验，红河州哈尼梯田稻鱼鸭复合经济也可加以借鉴，特别是将哈尼梯田旅游开发与稻鱼鸭农副产品销售相结合，在州政府引领下的南部各县市综合统筹、各有特色地发展。比如考虑开发类似秋季"开鱼节"等活动，改善哈尼梯田旅游淡旺季分明的特征，扩展旅游开发空间。同时，学习类似"稻田鱼专卖店"和"稻田鱼餐饮体验店"等模式，打好世界农业遗产和文化遗产这几张"名片"牌，充分发挥好地区联合、提高宣传效果的整体优势。

总之，红河州南部四县稻鱼鸭复合经济各有特色、各具优势，如果能够联合发展，那么未来稻鱼鸭复合经济的保护和发展就有了更大的平台，更广阔的发展空间。

（孙东波：红河学院讲师、北京大学人类学博士）

报道及述评

建立哈尼梯田大联盟

——云南红河哈尼梯田可持续发展札记

《农民日报》记者　郑惊鸿

　　走下飞机，刚刚步入云南昆明长水机场，看到巨幅宣传画上气势磅礴的"世界遗产红河哈尼梯田"，便不由自主加快了脚步，急切地想探访其千年不变的奥秘。同行的联合国粮农组织全球重要农业文化遗产专家咨询小组共同主席闵庆文告诉记者，红河哈尼梯田是我国第一个以民族名称命名的世界文化遗产，也是我国现有世界自然与文化遗产中唯一以农耕文明为核心的遗产。与故宫、长城等其他世界遗产的主要功能已经完全改变不同，哈尼梯田的主要功能依然是农业生产，千百年来保障着当地百姓的食物与生存安全，并随着社会经济的发展而衍生或拓展出文化、生态、休闲等多种功能，为农民增收、农业增效、农村和谐发挥了重要作用。

　　为破解红河哈尼梯田在发展中的瓶颈，云南省社会科学联合会组织20多位业界专家就红河哈尼梯田可持续发展进行专题调研，对此红河州委、州政府高度重视。记者跟随调研组，走进红河州南部绿春、红河、金平、元阳四县。

**　　掩映在云雾深处，镌刻在哀牢山脉**

　　在元阳、红河、绿春、金平崇山峻岭间，绵延不绝的数十万亩梯田十分壮观，其原生态的山水田园景观和哈尼原乡特有的远古农耕风貌，历经1 300多年仍得以完整保留。

　　秉持着哈尼族人建寨原则，绿春县城从半山腰劈山而筑，远望就像挂在云雾缭绕的天上，因此有诗人称其为"云海翻腾的绿春"。

　　哈尼族人一如既往地保持着他们独有的形象，而县城的建筑物，不管是现代金融银行，还是政府办公大楼，其屋顶也都保留着哈尼族人古朴的蘑菇顶和土黄色的墙面。按县委书记李国民的说法："这就是我们哈尼原乡人的自信。"

　　位于红河南岸的绿春、红河、金平、元阳四县几乎全是山地，哈尼族人多选择海拔1 400～2 000米以上的半山区居住，每个村寨都筑在森林下方半山腰的山坳中。村寨上方茂密的森林是梯田和人畜用水之源，被誉为寨神林，每年除祭祀寨神圣节昂玛突的三天外，平时任何人不许入内。

村寨下方是层层叠叠的千百级梯田，红河州世界遗产管理局副局长杨沙斗介绍，这样建筑的好处是当人们到梯田里劳作时，可以因下坡而减少劳动量。

智慧的哈尼族先人围绕着这片森林，在大山上挖筑了成百上千条水沟干渠，宛如腰带将座座大山紧紧缠绕，如此村寨上方流下的山水得以悉数截入沟渠，而在水渠间设置的分水石，根据梯田面积的大小流向层层梯田养育着稻谷。哈尼族的每一个村寨都建有集中的沤肥池，每当春耕时节或水稻灌浆需要施肥时，人们就打开下泻的沟水渠网让肥料冲入家家户户的梯田，灌满一层梯田分水石自动闭合再流到下一层，最后再以田为渠流向河谷，如此便大大减轻了劳动强度。梯田的最下方是河谷，江河蒸腾形成云雾最终又被森林涵养形成巨量水分循环往复，这一利用大自然的形态结构形成的"森林—村寨—梯田—江河"四度一体、天人合一的良性循环生态系统，成就了千百年来哈尼族人民生生不息、和谐共生的美丽家园。

闵庆文十分感慨：哈尼族选择居住的村落非常讲究，它是哈尼族人民与哀牢山大自然和谐相处的创造，是农耕文化与自然巧妙结合的产物，充分体现了哈尼族人的生存智慧。1 300多年来，哈尼人一直在这里开山筑田种水稻养鱼鸭，梯田成了哈尼族人赖以生存的物质基础。壮观、瑰丽的哈尼梯田，其建造与维护中的巧夺天工令世人瞩目，而哈尼族人的宗教习俗、乡规民约、民居建筑、节日庆典、服饰歌舞、饮食文化等，也无不以梯田为核心，处处渗透出天人合一的生态智慧和文化哲理。

为哈尼梯田申报世界遗产奔波近20载的张红榛，如今是红河学院红河哈尼梯田保护与发展研究中心主任。她告诉记者，哈尼梯田文化是整个民族的灵魂。在千余年的历史长河中，哈尼族人靠着一把锄头、一身铁骨和过人的智慧，以整个民族的心力来开山筑田。每个哈尼族人的一生都与梯田紧紧相连，生下来，不管男女，到7～8岁都要举行成人礼，男孩要拿着小锄头举行挖梯田仪式，女孩则要背着小笆箩举行劳动仪式，仪式后才能拥有正式的名字并成为村寨一员，此后毕生都将投入梯田耕作。就这样一代接一代，哈尼族人把巍巍哀牢山的千山万壑开垦成了片片田山，也把哈尼族人的坚毅、崇高、智慧镌刻在了哀牢山脉，成为人类永恒的荣光。

145

提升古梯田综合效益，让农民从产业发展中受益

红河哈尼梯田涉及元阳、红河、金平、绿春四县，总面积 80 多万亩，集中连片的 10 个核心片区达 20 多万亩。但哈尼梯田所涉及的四县都是地处边疆、山区、少数民族地区的国家级贫困县，如何保护传承发展这种悠久灿烂的世界农耕文明，红河州的决策者们一直在探索，相继出台了一系列保护法规，划定了核心保护区和缓冲区域，在州县成立了世界遗产管理局，协同相关部门对"四域十片区二十万亩"梯田进行重点保护管理，2016 年还成立了红河哈尼梯田保护管理委员会，州长为主任，协调解决梯田保护管理中的重大问题。

随着城镇化发展进程的加快，藏在深山的哈尼梯田受到现代文明冲击，许多年轻的哈尼族人开始走出大山到城里讨生活，为了追求更高的收益，一些传统稻作梯田被改成旱作。闵庆文说，对于农业类型文化遗产的保护，核心的问题是农业及其衍生产业的发展。只有提升梯田效益，让百姓在遗产保护中受益，才能让他们继续经营农业，真正达到保护梯田的目的。为促进哈尼稻作梯田地区的农民增收，近年来红河州着力打造梯田红米、生态鱼和生态畜禽 3 个产业带及农产品加工业；打造梯田红米、稻鱼等有机产品品牌，提升哈尼梯田相关产品综合价值；着力推出原始宗教、哈尼歌舞、长街古宴、民族节庆等民俗文化品牌，鼓励遗产区农户开办农家客栈、提供餐饮服务等，拓展提高哈尼梯田的多种功能和价值。

稻田养鱼养鸭曾经是哈尼梯田农耕文化的一部分，是哈尼族人自古以来的自然生态种养传统，但数十年来由于种种原因这种多功能的生态模式日渐式微，几近消失。为提升梯田的社会效益和经济效益，2013 年开始，红河州有计划地在四县哈尼梯田不同区域恢复并示范推广稻鱼鸭综合种养模式，实现了"一水三用、一田多收、生态循环、高效节能"的农业可持续发展模式，促进了红河哈尼稻作梯田系统农民增收和对梯田的保护。

2013 年开始红河县在 6 个乡镇梯田红米种植区示范稻鱼鸭生态种养模式 5 850.3 亩，平均亩产值达 7 637.4 元，有效解决了梯田效益低的问题。通过引进 3 家龙头企业，建立 2 万亩梯田红米示范基地、450 亩稻田泥鳅牛蛙养殖示范基地和 925 亩稻鳅共作示范基地，以"公司 + 基地 + 合作社 + 建档立卡贫困户"模式，辐射带动发展，实现了以鱼促稻、稻鱼双丰。红河县副县长许文红告诉记者，稻鱼共生系统增收效益显著，2016 年全县梯田稻田养鱼面积

已发展到 8.7 万亩，覆盖 13 个乡镇，计划到 2020 年梯田稻渔综合种养达到 12 万亩。

2014 年开始，元阳县哈尼梯田示范稻鱼鸭绿色综合种养模式 8 000 亩，带动全县梯田发展 3 万亩，示范区亩产值达 10 080 元，实现了"千斤粮、百斤鱼、千枚蛋、万产值"的梯田综合效益，成为梯田保护和产业脱贫的有效途径。2017 年，农业部以 1 000 万元项目资金支持元阳县稻鱼鸭绿色综合示范，在 7 个乡镇梯田核心区和缓冲区，以"公司＋合作社＋农户""合作社＋农户"、种植大户带动 3 种方式，打造千亩连片示范点 13 片 2 万亩，涉及农户 1.04 万户，筛选 42 个梯田红米种植品种，试养台湾泥鳅，辐射 3 万亩，覆盖 13 个乡镇。同时打造宜居、宜商、宜业、宜养、宜游的特色风情小镇，推进旅游产业转型升级，实现旅游产业持续发展和农民高效益创收致富。

从 2015 年开始，绿春县哈尼梯田稻鱼鸭生态综合种养模式探索，以农民家庭经营的方式示范获得成功，梯田稻鱼鸭攻关项目亩产值 7 592.2 元。副县长李波娘介绍，2016 年实施万亩梯田稻鱼鸭攻关项目 2 万亩，效果显著，2017 年开始，每年发展 3 万亩，预计到 2020 年全县梯田稻鱼鸭种养将达到 12 万亩，形成产值 2.5 亿元以上的大产业。同时以建设"中国哈尼城"为引领，打造集"旅游主导、文化鲜明、功能多元、产业聚集、绿色生态"为一体的哈尼文化旅游城，吸引人们在体验哈尼原乡文化中停下脚步，带动梯田相关产业走出大山。

从 2014 年起，金平县开展哈尼梯田原生态稻种、冬闲田蔬菜种植和梯田泥鳅养殖等试验示范建设，提高梯田产值，促进哈尼梯田的保护管理。同时将哈尼梯田产业培植与蝴蝶谷旅游捆绑开发，在马鞍底乡滮水岩民俗文化村的哈尼梯田进行田鱼、泥鳅、鸭子等生态综合种养，打造蝴蝶谷旅游生态品牌，带动当地经济发展。2016 年共计接待国内外游客 19 万人次，增收 5 000 多万元。

打造梯田发展共同体，建立全域旅游示范区

红河哈尼梯田所涉及的四县，均山高谷深，沟壑纵横，地形呈"V"形发育，分布此间的梯田坡度 15°～75°，多达 4 600 多级，异常壮观。最低海拔 114 米，最高海拔 3 075 米，由河坝经下半山、上半山到高山区，要历经热带、温带、寒带的变化，哈尼梯田因此呈现出"一山有四季，十里不同天"的景观，孕育了多种多样的特色产品。记者在世界最大梯田 1.64 万亩红河撒玛坝，真切地感受到了同一片梯田，前后仅仅15分钟或因一片云彩或因一缕阳光或因一片雾霭的不期而遇，便会有截然不同的奇观异景，给原本就气象万千的撒玛坝梯田增添了神秘魅力。

除了独特的复合景观，哈尼梯田因其丰富的生物多样性、良好的生态环境、浓郁的传统文化、多样的农产品、高效的资源利用技术、深邃的生态哲学思想，而拥有几乎所有自然与文化遗产头衔，在2010年成为全球重要农业文化遗产后，先后成为世界遗产、国家文物保护单位、国家4A级景区，同时还是国家湿地公园，毗邻国家级或省级自然保护区，区域内分布着中国传统村落以及大量国家级或省级非物质文化遗产。在与红河州委、州政府面对面座谈时，参加调研的专家说，为保护传承哈尼梯田，近年来红河州开展了卓有成效的工作，形成了一些好的模式和典型，仅从旅游上看，在局部地区、特定时间已经出现了"井喷现象"。但专家坦陈，哈尼梯田这块"世界级"的品牌远没有得到充分利用，遗产"红利"没有得到充分释放，各项工作仍有很大的提升空间，重文化遗产轻农业遗产、重旅游发展轻农业发展的现象明显，在旅游发展中重企业化运营轻农民参与、重个别景点轻全域发展、重特定时段轻全季节、重观光轻多样化旅游产品和多种产业融合的现象明显。

对此，联合国大学研究员梁洛辉指出，哈尼梯田不是一般意义的文化遗产，而是以活态性、动态性、系统性为主要特征的（农业）文化遗产，不能简单照搬一般的文化遗产保护方法。粮农组织的要求是，动态保护与适应性管理。闵庆文强调，哈尼梯田保护成功的标志是稻作梯田系统的可持续，关键是农民继续经营农业。农业部的要求是，在发掘中保护，在利用中传承。为此，要建立以生态与文化保护补偿为核心的政策激励机制，以有机生产、功能拓展、"三产"融合为核心的产业促进机制，以及政府、科技、企业、农民、社会五位一体的多方参与机制。

闵庆文团队在之前的调研中发现，元阳和红河在涉农工业方面发展水平相对较高，但生产规模还都比较小，地处边远山区，经济发展滞后，教育水平低，导致人才缺乏，制约了产业发展，四县的产业多以初加工为主，仅红河的棕制品加工、绿春的家具生产达到较大规模。哈尼梯田的优质农产品具有十分广阔的市场，但目前还没有得到有效开发。交通通达性的总体水平比较低，缺乏相关服务配套，致使产业难以形成规模，生产成本远远高于其他地区，使得当地的企业发展持续性和竞争力较弱，造成第二、三产业发展滞后。

对于如何进一步保护发展哈尼梯田，综合调查专家的意见，闵庆文提出，应尽快建立哈尼梯田联盟，打造哈尼梯田四县发展共同体，提升管理级别，提高协调能力，打造公共品牌，探索"1＋N"的产业发展模式，错位发展，相互补充，形成聚集效应，跨越发展。应遵循保护与发展协调、农业基础地位、本地农民主体、差异化发展、适度规模经营等原则谋发展。

应发挥资源优势，打造特色品牌，强化产业融合。应根据资源基础、自然条件与产业环境，将哈尼梯田地区划分为梯田产业发展区、生态生物产业发展区和热区特色产业发展区三大产业区。

分析哈尼梯田发展前景，专家指出，哈尼梯田具有发展高品质农业的资源环境优势和传统复合生产模式的优势，发展水稻有机种植具有较高的市场竞争力。同时哈尼梯田还具有发展多种旅游产品市场的天然优势，随着旅游业、电商服务业、康养产业的发展，优质农产品生产、特色食品加工、餐饮服务业等将快速发展，农产品、劳动过程、农业景观将成为旅游资源，农民可以从旅游等服务业中获益。为此，闵庆文提出，要建立全天候、全区域、全行业的旅游发展新思路，要科学评估哈尼梯田开展全域旅游的资源优势，四县应联合申报"全域旅游发展示范区"，树立以农业、文化、生态、遗产为核心资源的旅游发展理念，提高农民参与能力，将旅游作为吸纳剩余劳动力、推销农特产品、提高农民收入的重要手段，使旅游业真正成为"富民产业"。

与会的州委常委、州委组织部长刘申寿代表州委、州政府表示，保护传承红河梯田系统这个独特的人类世界遗产，是提高红河州核心竞争力不可或缺的重要资源，感谢各位专家为红河州小康决胜关键阶段提出的真知灼见，红河将尽快召开州委专题会议，就专家的建议形成共识并落实在"十三五"的行动中，科学保护好这个人类珍贵的遗产，合理利用其生态价值，为红河州农业与农村可持续发展提供样板。

（《农民日报》，2017 年 9 月 13 日　01 版）

云南绿春县加快民族团结
兴边富民示范区建设

《中国日报》记者　李映青

　　近日，"云南社科专家红河南部行"调研咨询活动走进云南绿春县，专家学者调研指导哈尼梯田可持续发展与精准扶贫精准脱贫工作。记者了解到，近年来绿春县不断加快民族团结兴边富民示范区建设，各方面工作取得成效。

　　近年来，绿春县坚持以习近平同志考察云南重要讲话精神为指导，紧紧抓住省委、省政府实施"兴边富民工程"和"民族团结进步边疆繁荣稳定示范区"建设重大战略机遇，以团结发展为主题，以富民兴边为目标，凝聚全县各族干部群众的智慧和力量，抢抓机遇，顽强拼搏，真抓实干，加快推进民族团结兴边富民示范区建设，全县呈现出经济发展、民族团结、社会稳定、边防巩固的良好局面。

　　首先，抓机制建设加强组织领导。通过成立绿春县民族团结进步边疆繁荣稳定先进县暨民族团结兴边富民示范区建设领导小组，形成全县上下齐抓共管、共同联动、合力推进的工作格局，并先后制定出台《中共绿春县委绿春县人民政府关于建设民族团结进步边疆繁荣稳定先进县的实施意见》《绿春县民族团结进步创建活动实施意见》等示范创建长效机制。

　　同时，抓宣传教育打牢民族团结基础。过程中，抓好民族宗教法律法规、政策和知识的宣传教育工作，组织佛教活动场所（灵愿寺）负责人召开多次座谈会、学习会，学习党的宗教工作基本方针、宗教政策和知识，并深入佛教活动场所和信教群众村寨开展宣传教育活动，深入开展民族团结进步创建"进机关、进社区、进学校、进企业、进农村、进军（警）营、进宗教活动场所、进窗口行业"活动，抓好学校民族团结进步教育工作。

　　此外，还抓载体建设打好脱贫攻坚战役。绿春县紧紧围绕"民族团结兴边富民示范区"建设目标任务，全面增强发展动力，切实打牢发展基础。实施好"十百千万示范创建工程",利用国家兴边富民特色优势产业发展资金 1 100 万元,拉动发展胡椒产业 2 万多亩,并实施好"沿边三年行动计划"。

(中国日报网)

云南红河县脱贫攻坚稳步推进

《中国日报》记者　李映青

近日，"云南社科专家红河南部行"调研咨询活动走进云南红河县，专家学者通过调研指导精准扶贫精准脱贫工作。

近年来，红河县紧扣"13662"扶贫发展思路和"两不愁、三保障"的脱贫要求，聚焦"脱贫出列 2 个乡镇、9 个贫困村、减贫 12 322 人"的年度目标任务，坚持以问题为导向，持续咬住"精准"做文章，全力推进脱贫攻坚工作。

过程中，红河县从抓实机制创新、强化精准识别、推进"两不愁、三保障"、抓好住房保障、强化资金保障五方面稳步推进脱贫攻坚各项工作。

首先，研究出台《红河县脱贫攻坚督查工作实施办法》《红河县脱贫攻坚产业扶持办法》等 20 多项制度政策，全方位谋划好全县脱贫攻坚工作任务。并按照省、州的有关要求和安排部署，瞄准错评率、漏评率、错退率"三率归零"和如期实现脱贫退出目标，整合挂包部门、乡镇干部、驻村扶贫工作队员、村三委力量，实现贫困对象应纳尽纳、应退尽退、应扶尽扶，为精准扶贫精准脱贫打牢坚实基础。

同时，大力实施就业创业脱贫行动计划，加大劳务有序输出，发挥"五大中心"产业扶持作用，并继续执行严格的控辍保学制度，坚决防止适龄儿童因贫失学辍学，实现所有建档立卡贫困人口全部参加新农合，符合政策人员全部参加养老保险。继续执行建档立卡贫困户"全民健康体检"工作，启动开展建档立卡贫困户人口因病致贫筛查工作。

此外，还不断抓好住房保障，并深入推进"金融支持扶贫惠农工程"。数据显示，2016 年红河县实施易地扶贫搬迁项目 26 个，搬迁农村贫困人口 1 731 户 8 601 人，其中建档立卡 1 133 户 5 643 人，随迁户 598 户 2 958 人。目前，全县 26 个易地扶贫搬迁安置点开工率 100%。

（中国日报网）

云南红河县加大力度力促梯田保护开发利用

《中国日报》记者　李映青

近年来，云南红河县不断加大力度，力促梯田保护开发与利用。

红河县位于云南南部、红河州西南部，地处红河谷绿色经济走廊前沿，是连接昆河高速、昆曼高速 2 条国际陆路大通道和滇中、滇西、滇东南 3 大经济圈的交通节点，是一个集"边疆、民族、山区、贫困"为一体的国家扶贫开发工作重点县。世居汉族、哈尼族、彝族、傣族、瑶族 5 个民族，少数民族人口占 96.2%，为全国最大的哈尼族聚居县，素有"歌舞之乡""棕榈之乡"和"江外侨乡"的美誉。

红河县境内有哈尼梯田 26.46 万亩，分布在全县 13 个乡镇，其中以迤萨—乐育—宝华—甲寅旅游环线上的撒玛坝万亩梯田、杨柳梯田、他撒十二龙泉梯田、桂东梯田、尼美梯田最为壮观，尤其是宝华撒玛坝梯田有 16 000 多亩、4 300 多级，是红河县实现旅游差异化发展的基础。近年来，县委、县政府始终把推进哈尼梯田可持续发展和精准脱贫作为当前头等大事和政治任务来抓紧抓实。

首先，健全工作机构，明确职责分工。县委、县政府把哈尼梯田保护管理工作列入重要议事日程，成立红河县哈尼梯田管理局，为县人民政府直属公益一类事业单位，加挂云南红河哈尼梯田国家湿地公园红河县管理局牌子。同时，加大宣传力度，提高保护意识。加强对《哈尼梯田保护管理条例》（以下简称《条例》）和《条例实施办法》宣传，使管理人员准确把握《条例》的立法宗旨和基本原则，系统掌握《条例》和《条例实施办法》的各项规定。并利用报刊、广播、电视等新闻媒体广泛开展《条例》的学习宣传教育活动，做好核心区周边群众的宣传教育，切实提高广大群众参与保护哈尼梯田工作的积极性和主动性，形成哈尼梯田保护工作社会参与、共同监督的良好格局。

期间，实施退耕还林，保护生态环境。严格执行森林采伐分类管理和采伐限额管理制度，抓好森林采伐管理，全面实行林木采伐公开审批、采伐审批公示制，强化对重点林区的监管力度，杜绝一切乱采滥伐林木行为。以实施退耕还林为契机，抓好宜林荒山人工改造、封山育林工程等项目，退耕还林面积7 500亩，封山育林面积11 000亩，纳入国家重点生态公益林99 526亩，建设人工沼气860口，改灶965口，有效改善梯田周边生态系统，为梯田开发保护用水提供有力保障。

此外，还加大对梯田核心区上游传统村寨的保护力度，并加大梯田水利设施建设。全县共有17个村落被列入中国传统村落名录，重点保护和恢复传统村落内寨神林、磨秋场、寨门、碾房、青石板路、老水井等传统元素，并编制《云南省红河县重点灌区水利基础设施建设规划报告》。期间，还建立了哈尼梯田传统物种保护区，通过积极推广优质稻种，实施稻渔共作模式，发展稻鸭养殖做好梯田农业产业文章。

同时，还挖掘优秀民族民间文化，实施有效保护和传承。加大物质和非物质文化列级保护和申报工作，加强民族民间工艺传承开发工作，重视文艺人才队伍的培养。

（中国日报网）

闵庆文：农业文化遗产不要过分强调"保护"

《中国日报》记者　李映青

　　8 月 23—28 日，"云南社科专家红河南部行"调研咨询活动在云南省红河州进行，来自联合国大学、中国科学院、复旦大学及云南省内相关领域的 20 余位专家学者共聚红河州南部，围绕"红河哈尼梯田可持续发展与边疆民族地区精准脱贫"这一主题开展深入调查研究。

　　中国科学院地理科学与资源研究所研究员闵庆文再次踏上这块熟悉的土地。多年前，他就参与了哈尼梯田世界文化遗产和全球重要农业文化遗产的申报，从那时起，他就一直在思考四个问题：像哈尼梯田一样的全球重要农业文化遗产，为何保护、保护什么、谁来保护、如何保护？

　　当他拿到当地党委、政府提供的文字材料，看到里面仅仅提到"红河哈尼梯田世界文化遗产"，没有提到"全球重要农业文化遗产"，却没有强调梯田农业生产的重要性及农民从事梯田农业生产积极性的重要性时，他的心情很复杂。因为哈尼梯田是中国第一个以民族名称命名的世界文化遗产，还是中国第一个以农耕文明为核心的世界文化遗产。与此同时，它还是全球重要农业文化遗产、中国重要农业文化遗产、国家湿地公园、国家级文物保护单位，区域内还有若干个国家级或省级自然保护区和风景名胜区以及传统村落，系统内还有许多国家级或省级非物质文化遗产。众多的"头衔"，特别是其"农耕'的特性，决定了它与其他 50 多个世界自然与文化遗产有根本上的区别。

　　"故宫和长城等的主要功能已经完全改变，而哈尼梯田的主要功能依然存在，也就是其农业经济功能仍然存在，为当地老百姓的食物与生存安全提供了重要保障，并衍生或拓展出文化、生态、休闲等多种功能，但'农业'是基础，没有了农业也就不可能有其他。全球重要农业文化遗产包括元阳、红河、绿春、金平的所有片区，所以我们一定不要简单地说'哈尼梯田是世界文化遗产'。"闵庆文说。

155

闵庆文告诉中国日报记者："农业文化遗产与一般的自然与文化遗产不同。首先，农业文化遗产是一个有人参与的、不断发展变化的系统，而且至今仍然是许多地方居民的生活来源，是'活着的历史'。其次，其中包含着千百年来人们适应自然的生存智慧、丰富的文化多样性和生物多样性，对于人类可持续发展具有重要的战略意义。"

闵庆文参与了哈尼梯田世界文化遗产和全球重要农业文化遗产的申报，在2010年申报全球重要农业文化遗产成功后的新闻发布会和2013年申报世界文化遗产成功后的座谈会上，他都提出过上述观点，并特别强调，在这一类世界遗产保护方面，中国没有太多的成功经验，而菲律宾伊富高梯田曾被亮"黄牌"是典型的教训。闵庆文说："我们不能简单地套用其他世界遗产的保护方法，而应当重视哈尼梯田的活态性、动态性与系统性特征，以农业生产为基础，以经济发展、文化传承和生态保护为目标，探索出可持续发展模式。"

他说："我认为，对于农业遗产或农业类型的文化遗产的保护，如果仅仅从文化遗产认识，如果仅仅重视旅游的发展，肯定难以实现保护的目标，原因并不在于领导不重视，而在于忽略了农业、农民和农村基础性工作。"

曾经有人问闵庆文哈尼梯田什么时候最美，他回答说哈尼梯田一年四季都很好很美，一年四季都值得来体验。可是他注意到当地旅游部门在旅游宣传时，总是展示哈尼梯田那只有冬季灌水后的景观照片，没有人在劳作，没有农业，没有森林，没有村庄。他说，那些照片虽然非常漂亮，但给人一种误导，好像哈尼梯田就只是那个样子，只有冬季才适合旅游。他说，哈尼梯田美好景观存在的前提是农耕。哈尼族的很多非物质文化遗产都来源于农业，因此，在保护传承时不仅要对传承人进行关注，还要进行各种传承与宣传活动，但千万不要忘记这些非物质文化遗产赖以生存的基础——农业。

当前，国家正在倡导新的旅游发展理念"全域旅游"，旅游不再是简单的景点景区的活动，而应是更大范围的活动；不再是吃、住、行、游、购、娱的传统观光模式，而应扩展到康养、游学、文创、商贸、科研、体验等活动；不再是旅游部门一家的事，而应是更多产业的融合；不应是某一所谓的"黄金周"，而应拉长到更长的时间。这一理念对于农业文化遗产的旅游发展更具意义，因为农业文化遗产完全可能做到全天候、全区域、全产业。"如果红河州旅游部门一直宣传哈尼梯田就是元阳梯田，最佳时间是冬季灌水后，将不仅限制了其他地区旅游的发展，还可能因为时间、区域的过度集中，因为承载力问题而对元阳梯田造成极大的破坏。这就需要我们的旅游部门以及其他相关部门换一种观念，从景点景区跳出来，从单一的观光活动跳出来，从一个部门管理跳出来，从旅游企业经营的观念中跳出来，让全区域都成为旅游目的地，发展多种旅游产品，让文化、农业、生态等部门都参与进来，让农民真正参与进来。"闵庆文说。

农业文化遗产是先民创造、世代传承的传统农业生产系统，其所有者应当是依然从事农业生产的"农民"，他们理应成为农业文化遗产最主要的保护者，同时也理应是遗产保护最主要的受益者。对于农业类型的文化遗产的保护，或者农业文化遗产的保护，核心的问题是产业发展。只有产业发展，让老百姓通过产业的延伸、链接，获得更多收入，老百姓的积极性才能真正提高。

闵庆文说，对农业文化遗产不要过分强调"保护"，"保护"不是"保存"，发展是最好的保护，就像足球比赛中的"进攻是最好的防守"。哈尼族文化丰富多彩，聚居地生态环境良好，生物资源丰富，在这样的背景下，围绕哈尼族的核心区域，需要农业、林业、水利、生态环保、旅游文化以及民族宗教、科研教育等部门一起努力打好几张牌。

"如果我们认识到我们的农业优势、文化优势、生态优势，通过加工、产品包装、品牌建设与营销、旅游等方式，随着交通条件的改善，情况完全可以改变。如果我们能培育一批年轻的、有技能的、有服务能力的人，既能种田又能导游，既能经营又能服务，将旅游和当地生态环境、民族文化、农林生产结合起来，让外面的游客一年四季都可以来，可以看，可以吃，后备箱可以带走农产品。这时候的农产品已经不再仅仅被当作一种单一的产品，而是被当作旅游产品来卖的时候，它的价格就上去了，因为我们的产品是有文化内涵的生态农产品，我们不仅在卖农产品，还是在卖文化。当然在这个过程中，农民利益的保障是第一位重要的，农民的参与、农民的获益将是梯田农业的基础。""我们需要做的事情还很多！"曾经获得联合国粮农组织颁发的"特别贡献奖"的闵庆文说。

在所有开展农业文化遗产保护工作的国家中，中国走在最前列。中国是第一个开展农业文化遗产评选与保护的国家，成为所有试点国家的榜样。中国的经验对于世界农业文化遗产保护和可持续农业发展具有重要示范作用。

（中国日报网）

157

复旦大学周文教授谈精准脱贫与县域经济发展

《中国日报》记者　李映青

　　长期以来，云南是一个经济社会欠发达省份，贫困人口多，贫困面广，贫困程度深，扶贫开发难度大。到 2012 年底，全省还有 804 万贫困人口，129 个县（市、区）中 88 个是国家扶贫攻坚县，特别是西部边境、乌蒙山区、迪庆藏区、石漠化片区以及人口较少民族，更是云南脱贫攻坚的"硬骨头"，摆脱贫困是云南各族人民世世代代的梦想。

　　作为中国脱贫攻坚的一个主战场，十八大以来，云南向贫困发起了全面总攻。到 2016 年底，云南省贫困人口已从 2012 年的 804 万下降到 363 万，年均减少贫困人口 110 万。习近平同志曾亲自走进云南最贫困的山村，与少数民族困难群众共商摆脱贫困的办法，并动情地做出"决不让一个兄弟民族掉队"的指示。紧扣"减贫""民族"，云南省各级政府做出卓有成效的探索，取得了显著成绩，走出了一条符合省情的扶贫开发道路，极大地改善了边疆各族群众的生活，成为"中国式扶贫"的典范。

　　复旦大学周文教授告诉记者，他受邀参加云南省社科联组织的"社科专家基层行"活动，深入云南红河南部调研精准扶贫、精准脱贫工作后有很多收获和体会。他说，红河南部几个县的县城几乎都是建在山坡上，很难找到一块平地，可以说是山高、坡陡，自然环境相对恶劣，这在其他地方很难看到。

　　周文说，这几个县集中反映了云南最为典型的风貌和特征：少、边、山、贫、丰（丰富的自然资源），贫困程度深，贫困面大；除此之外，各地区都呈现出各个地域的特点，所谓"各具特色"，从这个角度讲，还有很大的空间可以挖掘，有更多的机会和舞台可以施展。针对实际情况，他给出五条建议。

一、县域经济发展要做到三化："特色化、优势化、集群化"，避免同质化，聚焦支柱性产业，提高产品附加值

云南的发展意识比较强，氛围比较好，但是，每到一个地方，都在强调旅游业的发展。可是，作为一个县的旅游业，真正的特色在哪里，优势在哪里，产业和产值究竟能做多大，能否真正在云南省或者全国做到独具特色，能否真正发展成为支柱性产业，这些问题需要各县领导进行深入、全面的思考，而不是简单地强调旅游业的发展。在旅游发展和旅游规划中一定不要同质化，避免低层次重复竞争，要错位发展、特色发展，要找准在云南的定位、在全国的定位。不要仅仅从县域角度去考虑问题，站位要高，起点要高。起点高，站位高，发展未来才会好，希望才大。

县域经济不要搞得点太多、面太广，点多面广不是县域经济的突破口，县域经济能够抓到一两个支柱性产业，就成功了。比如义乌把小商品市场做到了全国有名，乃至世界有名。所以，对县域经济来说，产业聚焦很关键、很重要。

二、县域经济发展要跳出历史和县域的视野，发挥主观能动性，积极进行项目融资和市场融资，实现规模化和产业化发展，决胜全面建成小康

在云南省的县域层次，少数民族比较多，贫困面比较大，贫困点比较多，脱贫的任务比较艰巨，这是挑战，但也是机遇，说明云南县域经济发展是一个大文章，发展的潜力、发展的空间很大。

面对山高、坡陡等因素的牵制，在历史上，边疆民族地区主要强调"固边、守边"，而"兴边、富边"的意识不足。现在脱贫攻坚是中国的头等大事，云南又是中国脱贫攻坚的主战场，历史欠账多、基础薄弱，各方面条件比较艰苦，工作难度相对较大。所有艰巨的任务都集中在现在的阶段，不能用现有的眼光、历史的眼光来解决问题，应该跳出现实、跳出历史来思考红河的发展，思考如何决胜全面建成小康。仅仅立足于历史和县域的视野是远远不够的，因为如果局限于这一点，发展就不具有可持续性，脱贫就不具有彻底性。红河传统小农经济的发展和现代产业的发展一定要结合起来，还要和特色的支柱性产业结合起来。支柱性产业是什么，特色产业是什么，一定要心里有数，发展思路一定要理清楚，不能眉毛胡子一把抓。支柱性产业如何发展，特色产业如何发展，一定要把它们区分开来。在这个问题上，国家政策很好，要求全面脱贫，没有人才可以引进，现在上海市也对红河进行"帮、扶、带"，关键是当地政府要有很好的对接举措。

三、县域经济发展要发挥自身优势和潜力，要加强党组织建设和村民自治，提高农民生产积极性，用集体经济壮大、培育农村经济

县域经济应该要有自己的特点和优势。很显然，红河的农村人口仍然占主体，还没有实现城市化。所以农村是主体，农村是发展的希望，也是问题之所在，是贫困的根源所在，同时也是发展的潜力所在。在调研中我们发现，大部分地方目前在发展思路上聚焦点不够，总是静止地看问题，农村是攻坚脱贫的关键之所在，但也是发展的希望所在，如何使农村发展成为推动红河未来繁荣的动力，这块的潜力需要好好挖掘。

改革开放近40年，给农村带来了很大的变化，但是也面临很多问题。农民生产积极性不高，一家一户的生产，一亩三分地，没有实现规模化和产业化，没有积极性，也不能致富。当前要把农村的潜力挖掘出来，就要深化农村改革，要推动形成更好的集体经济，用集体经济来壮大、培育农村经济。如果这块做不好，农民是没有积极性的。适度的土地集中和流转，有助于农村经济的发展。

深化农村的改革，一方面要强调规模化和产业化；另一方面要结合小农经济。新生"农二代"可以到城里做工，腾出空间，这样农村经济才可以真正地、全面地活跃起来。农村要抓好两点：一是加强党的组织建设，有个好的村支部书记，可以带领更多的群众致富；二是发挥村民自治的作用，做到统分结合，"统"在于集体，"分"在于农民个人的积极性。农民做不了的交给集体，集体不利于做的交给农民，这样农村经济就可以盘活，做强做大。

整个云南省都面临这样一个问题：改革动力不足，创新意识不足。习惯于见子打子，习惯于上面怎么说、下面怎么动，缺乏对国家政策结合地区实际的创新，缺乏主动作为的担当，总是意识早而运作慢。但是，国家政策是宏观的东西，每个地域都有自己的特色和差异，把国家政策和地域化特色结合起来，这样才能创造出地方经济的活力与生机。

四、县域经济发展要将问题转化为前景，充分利用"互联网＋"，克服弊端，形成"品牌统一、市场统一、标准统一"模式，做大做强

县域经济有它的弱点：交通不便、信息化不够，人流、物流集聚力差，规模化成问题，这是事实。但是，面临这样的问题，我们不能困惑、不能屈服，如何把问题转化为前景，是这个时代需要我们解决的问题。

前两天，我们专门调研了当地的电商平台，做得有亮点、有特色。但是有一个问题，这是小农式的经营，电商平台究竟能做多大？这种小规模的经营究竟能够维持多久时间？产值化、市场化、品牌化要有长期规划，产品质量很好，却没有找准定位。应该统一起来，主打一个品牌，不要每个地方单独打各自的品牌，一开始规划和经营，目标就应该是在全国做强影响、做大规模，而不是在一个县里面争来争去。

品牌统一、市场统一、标准统一，这样市场前景、市场规模、经济产值才会更大，要充分利用"互联网＋"来克服县域交通、信息不足的弊端。今天如果继续走过去零售、批发的产业模式，搞一个死一个。

五、将国家的发展战略融入县域经济发展规划，宏观和微观相结合，找准定位，弥补差距，发挥经济圈的交汇点优势

今天中国和西方国家的比较，最大的落差就在于县这个层次。我去过全球多个国家，事实上，中国省级城市的发展远远超过西方，高楼林立，现代化程度远远超越西方任何国家，我们现在的主要差距在县级层次。如果中国的县域经济能够发展起来，将会把西方国家远远甩在后面。现在国家领导也在思考县域经济的发展和壮大，郡县治，天下安。县是国家行政的末梢，同时它又是国家的支柱。也就是说，县域经济发展起来了，国家自然就强大了。县域经济的支柱性产业如何全面推进，是推动县域经济发展的关键问题。但是，县域经济发展不能脱离国家发展战略，国家发展战略是整个县域经济发展的重要支撑。所以，县域经济发展一定要和国家战略对接起来。

应该把县域经济的发展目标、发展规划、发展战略放在国家的大盘子里面去思考、去对接，在国家发展战略布局中找准自己的定位。应该的定位在哪，现在的定位是什么，差距在哪里，通过找差距来弥补差距，我相信这样的县域经济一定会发展起来，一定会壮大起来。有了这样的意识之后，大家应该主动作为、精准作为、积极有为。县域经济的立足点一定要高、战略一定要准、视野一定要广，既要有微观的努力，又要有宏观的视野，两者互相结合。俗话说，"上面千条线，下面一根针。"应该做好宏观和微观交汇点的大文章，不要仅仅从州或者省的角度考虑问题，把这块弥补起来才是真正的希望所在。

（中国日报网）

"云南社科专家红河南部行"启动

《云南日报》记者　岳晓琼　苏宇箫

　　昨日，"云南社科专家红河南部行"调研咨询活动在金平苗族瑶族傣族自治县、绿春县同步启动。

　　据介绍，来自省内外 20 余位社科专家，将在 1 周内分 2 组到元阳、红河、绿春、金平 4 县，以"红河哈尼梯田可持续发展与边疆民族地区精准脱贫"为主题，就红河哈尼族彝族自治州南部地区梯田生态建设、文化建设、产业发展、精准扶贫与精准脱贫等开展实地走访调研。

　　本次活动由省社科联主办，红河州社科联、红河州社科院、红河州世界遗产管理局、红河学院红河哈尼梯田保护与发展研究中心承办。

　　（《云南日报》，2017 年 8 月 25 日　星期五　第三版）

云南社科专家红河南部行　共论"红河哈尼梯田可持续发展与边疆民族地区精准脱贫"

《云南日报》记者　耿　颖

　　8 月 24 日上午，为期 5 天的"云南社科专家红河南部行"调研咨询活动在金平苗族瑶族傣族自治县、绿春县同步启动。来自联合国大学、中国科学院、复旦大学及云南省内相关领域的 20 余位资深专家学者共聚红河州南部，以"红河哈尼梯田可持续发展与边疆民族地区精准脱贫"为主题，就红河南部地区梯田生态建设、文化建设、产业发展、精准扶贫与精准脱贫等多个方面开展深入调查研究。

　　调研组由云南省社会科学界联合会党组书记、主席张瑞才带队，中科院地理资源所研究员闵庆文、联合国大学可持续发展高等研究所顾问梁洛辉、复旦大学教授周文等 20 余位社科专家学者组成，研究领域涵盖农业文化遗产、产业农村发展、哈尼梯田文化等多个方面。

　　据了解，2003 年"社科专家基层行"就是从红河州出发，作为云南省社科联创新工作方式创立的一个著名品牌，成果在全国引起了巨大轰动，旨在为专家学者搭建一个平台，让他们发挥所长，走进基层，走进群众，深入农村、社区进行调查研究，为地方经济社会发展献计献策。

　　红河州社科联主席、州社科院院长李保欣回顾道，当时红河州正在开展全面建设小康社会与"红河精神"大讨论，遇到了一些疑难问题，如全面建设小康社会的"突破口"问题、红河精神的概述等，迫切需要社会科学专家提供理论上的指导，需要他们拿出更多为基层、为实际需要的，有分量、有实用价值的科研成果。

　　"社科专家基层行"之后，李保欣说："出了很多有效成果，形成了'诚信务实、开放兼容、敢为人先、奔腾图强'的红河精神，也对后续发展产生了深远的影响。对于这样的社科专家实践活动，我们十分珍惜，通过专家学者掌握和运用的理论知识，对问题进行详细的分析梳理，也提出了很好的对策，使基层对问题能有更好的认识，为破解难题、推进工作找到更好的办法、措施。"

据悉，"社科专家基层行"活动，在 14 年中已经覆盖了云南 16 个州市当中的 14 个州市 120 多个县市区，参与的专家已经近 700 位，调研专题近 400 项，提出意见建议 2 000 余条，形成决策咨询报告达 500 多万字。

近年来，红河州发展迅猛，尤其在经济发展、民族团结、对外开放、生态文明建设方面取得了很多有目共睹的成绩，这些成效和经验都离不开专家学者进行系统的总结、认真的研究，从实践经验的层面上把它有效提升到理论。自红河哈尼梯田被列入"世界文化遗产"名录之后，名满天下，但是，在实际运行管理中产生了不少问题，对于这些实际工作中出现的新问题、紧迫问题，依然非常需要得到专家学者的把脉会诊，提供理论与智力上的支持，进一步完善发展战略，助力其向更高层面、更高水平发展，增强区域竞争力……如何发挥好哈尼梯田的品牌效应，如何保护好哈尼梯田；如何将精准扶贫与梯田发展结合在一起；在新的发展阶段，红河南部呈现出什么样阶段性特征……时隔 14 年后，社科专家学者将再聚焦民族文化保护问题、旅游开发和当地人民增收问题、哈尼梯田的保护与脱贫问题。此次活动由云南省社科联主办，红河州社科联（红河州社科院）、红河州世界遗产管理局、红河学院哈尼梯田保护与发展研究中心承办。

（云南网）

做好哈尼梯田保护与开发 推动红河南部地区产业发展

《云南日报》记者 苏宇箫

8月24—27日，"云南社科专家红河南部行"调研咨询活动专家组在4天时间中，围绕哈尼民族文化传承、哈尼梯田保护开发、产业发展等主题，深入绿春县、红河县，以发现和研究解决问题为导向，帮助两县找准定位、探寻短板、研究对策。

科学保护梯田 找准地区经济发展路子

24—25日，"云南社科专家红河南部行"调研咨询活动专家组走进绿春县哈尼家园众创空间、三猛乡灯马村，来到绿春县哈尼博物馆，就腊姑梯田保护、哈尼民族文化、特色产业发展等开展实地调研。在"哈尼家园网"，专家们认真倾听了绿春电子商务服务中心平台建设的情况介绍，对该平台今后的发展方向提出意见。

据悉，绿春电子商务服务平台是通过政府引导、市场运作、政策支持等措施建立的具有现代综合服务功能的创新创业支撑平台。目前绿春小微企业和创业团队在创业初始阶段，普遍存在规模偏小、布局分散、产业层次低、用地难、融资难、应对风险能力弱等问题。专家们表示，绿春电商服务平台在今后的发展中，要走绿春特色文化道路，与国内大的电商平台合作，打破销售渠道单一、销售量小的瓶颈。

在三猛乡灯马村，专家组参观了腊姑梯田、哈尼民族文化中心，深入农户家中询问了村民的生产生活情况，查找在梯田保护与开发、哈尼民族文化传承与发展过程中存在的问题，并提出对策。

"哈尼梯田是文化遗产中的一种特殊类型，属于农业文化遗产。只有发展好农业，才能有景观，才能有文化。"中国科学院地理资源研究所研究员闵庆文从哈尼梯田保护与产业发展方面提出自己的看法。他表示，哈尼梯田是第一个以民族命名的世界文化遗产，是以农耕文化为核心的文化遗产。绿春县有丰富的生物资源，农村群众整体素质高，政府部门对当地发展目标定位准确。在梯田产业发展过程中，要避免重文化、轻农业，重景观、轻产品的问题。不能简单仿照某个地区的发展模式，要统筹规划，减少同一地区旅游业对梯田保护造成的压力和不良影响。闵庆文建议在红河州层面成立"梯田保护联盟"等组织，让各县区有共同交流的平台。

复旦大学教授、中国研究院副院长周文表示，绿春县要以城市为中心，发展高原特色农业，生产生态有机产品，在突出产品亮点的基础上，通过产业化生产，做强地方品牌；要建立健全农村经济发展体制机制，充分发挥现有农村人口作用，助力地区经济发展。云南农业大学新农村发展研究院专职副院长、研究员杜发春建议以民族传统文化保护为前提，做大做强民族品牌；加强基础设施建设，积极融入滇中城市经济圈一体化发展，同时发挥好与越南毗邻的区位优势，把"开放末端"变为"开放前沿"。

重视文化传承　利用好资源禀赋助力产业发展

26—27 日，专家组赶到红河县，进企业，入农户，对红河县梯田生态建设、种植养殖体系建设、生物医药产业、农林生物产业发展等开展调研。土木瓦顶的房屋错落有致，一条街道横穿寨子，四周林木荫荫……在红河县宝华镇龙甲特色村，有世界上集中连片最大的梯田——撒玛坝梯田。1 万余亩的撒玛坝梯田充分展示了"森林—村寨—梯田—水系"四素共构的农业生态体系和各民族和睦相处的社会体系，体现了人与自然的高度和谐。

发展哈尼族传统村落时，不仅要重视传统民居的保护发展，还要重视哈尼族文化的传承。传统村落保护发展的关键是"人"，传统村落的保护发展应该切实关心当地村民的利益，当地群众也要积极参与到对传统村落制定保护发展规划中来。

丰富的生物资源为红河县发展生物医药产业、农林生物产业发展提供了良好环境，相关产业的发展也为地方精准扶贫工作提供了有力支持。专家组通过对云百草药业有限公司、库博特色农产品基地、农林生物产业工厂化育苗中心等地的深入调研，对红河县产业发展提出了建议。

云南农业大学经济管理学院讲师曾艳认为，在产业发展过程中，一是地方政府的前期投入在产业扶贫过程中应该把握好尺度，要遵循市场的自然规律；

167

二是农业项目的选择要尊重农户的种养意愿。要充分调研和论证项目在农户中可推广度，项目推进过程中要处理好政府、企业、农户的关系，处理好建档立卡农户和非建档立卡户之间的关系，做到协同发展。

（云南理论网）

聚焦哈尼梯田　献策精准脱贫

——"云南社科专家红河南部行"探索红河跨越发展之路

《云南日报》记者　苏宇箫　岳晓琼

8月24—28日，由省社科联主办，红河州社科联、红河州社科院、红河州世界遗产管理局、红河学院红河哈尼梯田保护与发展研究中心承办的"云南社科专家红河南部行"调研咨询活动，组织省内外专家分2个组深入红河州南部四县，以"红河哈尼梯田可持续发展与边疆民族地区精准脱贫"为主题，就红河州南部地区梯田生态建设、文化建设、产业发展、精准扶贫与精准脱贫等开展实地走访调研。在专家咨询会上，参加调研咨询活动的省内外10余位专家学者为四县经济社会发展找问题、开"良方"。

想思路，保护开发哈尼梯田打造亮丽名片

哈尼梯田是红河南部各县最宝贵的资源、最明显的优势、最亮丽的名片，也是实现跨越发展的最大潜力。守护哈尼梯田良好的生态环境，实现可持续发展，是推动红河南部边疆少数民族地区经济社会发展，决胜脱贫攻坚，决战全面小康，实现区域均衡发展，增强红河州综合实力的关键所在。

"哈尼梯田是文化遗产中的一种特殊类型，是农业文化遗产。只有发展好农业，才能有景观，才能有文化。"中国科学院地理资源研究所研究员闵庆文表示，哈尼梯田是第一个以民族命名的世界文化遗产，也是以活态性、动态性、系统性为主要特征的农业文化遗产，不能简单照搬一般的文化遗产保护思路和方法。要注重建立和完善以生态与文化保护补偿为核心的"政策激励机制"，以有机生产、功能拓展、"三产"融合为核心的"产业促进机制"，由政府、科技、企业、农民、社会构成的"五位一体"的"多方参与机制"。闵庆文建议在红河州层面成立"哈尼梯田联盟"等组织，让各县区有共同交流的平台。联合国大学可持续发展高等研究所顾问、研究员梁洛辉认为，要重视哈尼梯田作为农业文化遗产以外的其他价值，打造哈尼梯田的长街宴、古歌等文化品牌，建立乡土知识和农耕技术相关教育培训基地，物质文明与精神文明共同发展，有效促进经济环境和社会效益协调统一。云南师范大学旅游与地理科学学院教授角媛梅提出了"世界遗产＋"的发展战略，她认为，红河南部每一个区域都应该有自己独特的区域特色，比如元阳梯田是世界遗产的核心区，保护是核心，在加强保护的基础上，周围的区域发展起来，才能形成整体的保护。

红河学院人事处副处长、人文学院教授卢鹏从哈尼族传统村落保护与发展方面提出，哈尼族传统村落的保护发展应该具有整体观，既要重视"硬的"方面即传统民居的恢复，还应该重视"软的"方面即传统民族文化的传承，同时哈尼族传统村落的保护应坚持原真性与延续性、"因村而宜"原则。不同村落的民居要避免"同质化"，应根据村落实际情况进行保护。民族文化是哈尼传统村落的灵魂，如今哈尼文化面临后继无人、传承方式断代的困境，省社科院民族学研究所原所长、研究员王清华表示，哈尼文化的传承，要选择让传承人更有尊严感、获得感的方式进行，如法规、法令的修订要参考哈尼传统的村规民约等。

"水是梯田的命脉，是梯田保护中不可替代的资源。"云南大学国际河流与生态安全研究院教授冯彦认为，要加强乡土水资源管理知识的利用，例如可以通过河长制与沟长制的结合实现水资源的合理利用，同时完善梯田系统区域功能，特别是森林涵蓄水功能。目前，森林种植结构比较单一，要注意各型水利建设与梯田遗产保护目标的协调。

寻办法，聚力精准扶贫助推红河跨越发展

打好脱贫攻坚战，实现贫困乡村、贫困人口全面脱贫，关乎全面小康社会的如期建成，是一项重大政治任务。我国目前正处在开展深度脱贫的攻坚克难阶段。边疆民族地区基础设施和社会事业发展滞后，生态环境脆弱，自然灾害频发，集体经济薄弱，是最难啃也是最后的"硬骨头"。社科专家从产业扶贫、易地扶贫搬迁工作、文化产业发展等方面，进行了研究思考。

复旦大学中国研究院副院长、教授周文从县域经济层面提出，县域经济发展要做到"特色化、优势化、集群化"，避免同质化，聚焦支柱性产业，提高产品附加值；发挥主观能动性，进行项目融资和市场融资，实现规模化和产业化发展；发挥自身优势和潜力，加强党组织建设和村民自治，提高农民生产积

极性，用集体经济培育、壮大农村经济。

易地扶贫搬迁是实施精准扶贫、精准脱贫的有力抓手，是打赢脱贫攻坚战的关键举措。云南农业大学新农村发展研究院专职副院长、研究员杜发春认为，在易地扶贫搬迁工作中，要慎重决策，对易地扶贫搬迁的复杂性，以及由此形成的各种经济社会和文化传承问题有足够的认识，不能搞为了项目而搬迁的"项目主义"；要以民为本，充分尊重和听取各民族群众的意愿，让其积极参与到对梯田文化保护、精准扶贫和生态环境的表达、监测和行动中；对确实有必要搬迁的农户，在安置点的选址上要有利于群众发展产业、实现就业、稳定脱贫。

省社科院农村发展研究所所长郑宝华认为，保护梯田更重要的是培育经营模式，而不是强化土地流转本身。要积极推广稻渔模式，优化生产体系。通过土地流转、土地入股等方式，让普通群众和大市场之间形成结合点；要努力促进三产融合，优化产业体系。一产是让红米市场价值提升，二产是做加工，将红米通过加工增值，三产是旅游业与梯田本身的结合；要大力培育社会化服务，优化经营体系，以农户和新型经营主体的结合来破题，达到共同发展。红河学院人文学院讲师孙东波围绕哈尼梯田稻鱼鸭复合经济的保护与发展提出建议：在哈尼梯田稻鱼鸭综合种养技术经验上，要树立典型，让农民教农民。提高技术研发，提高单位产值，同时通过政府引导拓展销售手段。

云南农业大学经济管理学院讲师曾艳从文化产业发展的角度提出，文化产业的发展要注重文化精品打造与市场需求相适应，打造文化精品要与现代的消费需求方式结合，找到"文化"和"经济"的契合点；要注重文化产业的品牌效应，品牌的打造要"借势而为"＋"融合发展"。在文化内容的供需结构性调整方面，文化内容的供给要以需求为导向；精准识别多元文化，进而加以保护、改造和利用；对贫困文化的内生性重构问题要进行深入研究，探索破解之道。

红河学院红河哈尼梯田研究中心主任、研究馆员张红榛建议：就红河哈尼梯田品牌建设与红河南部精准扶贫开展专题研究，使哈尼梯田品牌价值充分发挥作用，强有力助推当前南部地区精准扶贫工作。同时，建议红河哈尼梯田元阳管委会增加宣教室与产业发展科，与州级遗传局对应，就红河哈尼梯田保护条例的贯彻落实、遗传价值的宣传推广提供强有力的保障。

（《云南日报》，2017 年 9 月 12 日　星期二　第 11 版）

"云南社科专家红河南部行"调研专家咨询会在蒙自召开

《红河日报》记者　张永贵　实习生　李金悦

本报讯　8月28日，"云南社科专家红河南部行"调研专家咨询会在蒙自召开。省社科联党组书记、主席张瑞才，州委常委、州委组织部部长刘申寿出席会议。

8月24—28日，为期5天的"云南社科专家红河南部行"调研咨询活动在红河州进行。来自联合国大学、中国科学院等的20余位资深专家学者分2个组深入红河州南部县市，以"红河哈尼梯田可持续发展与边疆民族地区精准脱贫"为主题，围绕红河南部地区梯田生态建设、文化建设、产业发展、精准扶贫与精准脱贫等多个方面开展专题研究，并在蒙自召开的调研专家咨询会上为南部县市经济社会发展开出了"良方"。

张瑞才在咨询会上说，"云南社科专家红河南部行"旨在为专家学者搭建一个平台，让他们发挥所长，走进基层，走进群众，深入农村、社区进行调查研究，为地方经济社会发展献计献策。此次调研活动中，专家们走进基层、调查深入、主题集中、结合实际、作风务实，收获不小，不仅研究了红河，还宣传了红河，并为红河南部县市的发展提出了一些真知灼见，达到了预期的效果。

刘申寿代表州委、州政府对社科专家的到来表示欢迎和感谢。他希望，参加活动的专家充分发挥思想库、智囊团、参谋部的作用，一如既往地为红河经济社会建设出主意、想办法，贡献智慧和力量。他要求，各县市和各相关部门要认真听取专家们的宝贵意见，及时把社科成果转化为促进地方经济社会发展的具体思路和实践、转化为工作的推动力。

专家组成员和州级相关部门负责人参加会议。

（《红河日报》，2017年8月29日　星期二　第2版）

为南部地区发展"把脉问诊"

——"云南社科专家红河南部行"调研咨询活动侧记

《红河日报》记者　李立章

8月23—28日，来自联合国大学、中国科学院、复旦大学及云南省内相关领域的20余位资深专家齐聚红河南部绿春、红河、元阳、金平4县，以"红河哈尼梯田可持续发展与边疆民族地区精准脱贫"为主题，就红河南部地区梯田生态建设、文化建设、产业发展、精准扶贫与精准脱贫等多个方面展开深入调研，为红河南部地区经济社会的发展精准"把脉"，并提供智力支持。

调研组由来自省社会科学界联合会、中科院地理资源所、联合国大学可持续发展高等研究所、复旦大学的20余位社科专家组成，研究领域涵盖农业文化遗产、农村产业发展、哈尼梯田文化等多个方面。

如何发挥好哈尼梯田的品牌效应，如何保护好哈尼梯田，如何将精准扶贫与梯田发展结合在一起，这些都是我们应该思考的问题。

红河哈尼梯田被列入世界文化遗产之后，名扬天下，但是，在实际运行管理中却产生了不少问题，对于这些实际工作中所出现的新问题，依然需要专家"把脉问诊"，为其提供理论与智力上的支持，进一步完善发展战略，助力其实现更高层面、更高水平的发展，增强区域竞争力。

来自中国科学院地理科学与资源研究所的研究员闵庆文调研后说："对于农业遗产或农业类型的文化遗产的保护，如果仅仅从文化遗产来认识，只重视旅游的发展，肯定难以实现保护的目标，原因并不在于领导不重视，而在于忽略了农业、农民和农村的基础性工作。"他说，如果只宣传哈尼梯田就是元阳梯田、最佳摄影时间是冬季灌水后，这不仅限制了其他地区旅游业的发展，还可能因为时间、区域的过度集中，因为承载力问题而对元阳梯田造成极大的破坏。这需要我们换一种观念，从景点景区跳出来，从单一的观光活动跳出来，从一个部门管理跳出来，从旅游企业经营的观念中跳出来，让全区域都成为旅游目的地，发展多种旅游产品，让文化、农业、生态等部门都参与进来，让农民真正参与进来。

丰富的生物资源为红河县发展生物医药产业、农林生物产业提供了良好环境，相关产业的发展也为地方精准扶贫工作提供了有力支持。专家组通过对云百草药业有限公司、库博特色农产品基地、农林生物产业工厂化育苗中心等地的深入调研，对红河县产业发展提出建议。

云南农业大学经济管理学院讲师曾艳认为，在产业发展过程中，地方政府的前期投入在产业扶贫过程中应该把握好尺度，要遵循市场的自然规律；农业项目的选择要尊重农户的种养意愿。要充分调研和论证项目在农户中的可推广度，项目推进过程中要处理好政府、企业、农户的关系，处理好建档立卡贫困户和其他农户之间的关系，做到协同发展。

红河州相关部门在前期做了大量深入细致的工作，确定了"农业遗产保护与民族地区可持续发展""哈尼梯田土地流转经营模式和精准扶贫""新形势下哈尼文化的保护与传承""世界遗产品牌利用与红河南部地区精准扶贫""工业化城镇化背景下边疆民族地区如何做大做强县域经济""世界遗产旅游与农民增收"等选题，供专家们进行宽领域、多角度、全方位、深层次的考察调研。

6 天的调研，成果丰硕。云南社科专家根据选题，注重社会科学和自然科学的搭配、省外专家和本地专家的配合；20 余位社科专家深入实地调研，详细了解 4 个县的经济社会发展情况，为破解红河南部发展难题提出了很多有建设性的建议，这些为红河南部未来的发展注入了强大的智力支撑。

（《红河日报》，2017 年 8 月 31 日 星期四 第 2 版）